A lo largo de este libro, la profunda sinceridad de Jarrid resalta de por sí la grandeza del amor de Dios. Su forma de escribir me recuerda las enseñanzas de Pablo acerca de gloriarnos en nuestras debilidades.

JOEY SVENDSEN
Pastor y presentador del podcast *BadChristian*

En un mundo de división y negatividad, Jarrid Wilson está convencido de que tu vida puede rebosar de gracia y bondad. Sin embargo, la autenticidad de Wilson, no el optimismo, es lo que hace que cante este libro. Wilson abre su pecho y expone su palpitante corazón en cada página, contando historias sinceras sobre cómo se ve el amor en tiempo real. No leas este libro si te contentas con inhalar el aire viciado de nuestra era pesimista, porque una bocanada de *El amor es oxígeno* te obligará a amar de manera más grande, más amplia y mejor que nunca.

JONATHAN MERRITT
Colaborador para *The Atlantic* y autor de *Learning to Speak God from Scratch*

De los hombres que conozco, Jarrid Wilson es uno de los que ama de manera más genuina a Dios. Su habilidad para comunicar las verdades del evangelio de forma renovada y bíblica lo posiciona a la perfección para llevarte a algo que nunca antes has experimentado, así como para que cambies tu punto de vista acerca de Dios y las personas. Este libro lo sentirás como un soplo de aire fresco para tu espíritu.

JOSH HOWERTON
Pastor líder en *The Bridge Church*, Spring Hill, Tennessee

Jarrid Wilson escribe con gracia sencilla acerca de cómo el amor se levanta de las cenizas de la depresión. Nos recuerda a todos que Dios es amor y también que, cuando amamos a los demás a través de nuestras acciones, amamos a Dios. A medida que leas, sentirás el deseo de aprovechar las oportunidades siempre presentes de actuar por amor y descubrir la vida.

BECCA STEVENS
Fundadora y presidenta de *Thistle Farms*

Jarrid Wilson escribe con gran claridad y franqueza acerca del extraordinario amor de Dios. Narra su historia de manera muy transparente y nos muestra a todos el amor más grande de todos. *El amor es oxígeno* es inspiración, aplicación, desafío y aliento en un libro excepcional.

JUD WILHITE
Pastor principal en *Central Church* y autor de *Pursued*

Algunas personas solo ven las cosas de manera diferente. Jarrid Wilson es una de esas personas. Justo cuando piensas que has escuchado todo lo que hay para escuchar acerca del amor, encuentras a Jarrid. Estoy muy agradecido por la opinión de Jarrid... me desafía.

CAREY NIEUWHOF
Autor y pastor fundador de *Connexus Church*, Ontario, Canadá

La batalla con la depresión, la ansiedad y la soledad es algo que muchos enfrentamos en algún momento de la vida. Jarrid hace un trabajo asombroso aclarando las profundidades del dolor y la confusión, enfatizando la importancia de descansar en lo que importa de veras.

CHELSEA CROCKETT
Autora de *Your Own Beautiful*

Toda nuestra vida hemos escuchado la frase «Dios es amor» sin una comprensión real de lo que significa en realidad ni de sus implicaciones para nuestra vida. Ahora, el nuevo libro de Jarrid Wilson, *El amor es oxígeno*, toma todo lo que pensábamos que sabíamos acerca del amor y lo pone al revés. Para todo el que alguna vez se esforzara por amar o ser amado, para todo el que piense que Dios es un amo duro o, quizá lo más importante, para todo el que piense que el amor es agradable, limpio y clasificado para todas las edades, este libro es para ustedes. Nunca más verás el amor de la misma manera.

PHIL COOKE
Cineasta, consultor de medios de comunicación y autor de *One Big Thing: Discovering What You Were Born to Do*

Hay personas positivas que te hacen reír y sentirte mejor contigo mismo. Y también están los «distribuidores de esperanza», quienes ofrecen algo mucho más profundo. Jarrid Wilson escribe acerca de una esperanza que no nació en este mundo, sino en un Padre amoroso. Este libro alentará tu misma alma.

MICHAEL LUKASZEWSKI
Fundador de *Church Fuel*

Se dice que solo aceptamos el amor que pensamos que merecemos. Este libro expandirá tu potencial para aceptar el poder que te da el gran amor de Dios.

KEVIN GERALD
Pastor principal de *Champions Centre* y autor de *Good Things*

Todo el mundo busca el amor, pero muchas personas lo hacen en los lugares equivocados. El pastor Jarrid Wilson escribió un libro que cambia vidas: *El amor es oxígeno*. En este libro centrado en el evangelio, Jarrid guía al lector con amabilidad y esmero en un viaje para conocer y experimentar el amor incomparable, inigualable y sin par que Dios nos reveló por medio de su Hijo. Cuando llegas a conocer a Dios de forma íntima, te das cuenta de que el amor no es algo que hace Él; el amor es algo que es Él. Lee este libro ahora.

CRAIG GROESCHEL
Pastor principal de *Life.Church* y autor de *La dirección divina: 7 decisiones que cambiarán tu vida*

Jarrid te ayudará a recuperar el aliento, y a descubrir cómo inhalar más esperanza, más sanidad, más de Jesús en tu vida.

MARGARET FEINBERG
Autora de *Fight Back with Joy*

Jarrid Wilson es más que un autor convincente; también es un ser humano convincente. Lo sé porque tengo el privilegio de llamar amigo a este talentoso y estupendo joven. En estas páginas, Jarrid nos abre una ventana para entrar a su vida, donde lo vemos transformado por el amor sobre el cual escribe. Esto, por supuesto, es lo que hace creíble su mensaje. A medida que leas, confío en que lograrás amar a Dios y a otros de manera más profunda. Es probable que también sientas el deseo de convertirte en una mejor persona. Gracias, Jarrid, por un libro tan hermoso y persuasivo.

SCOTT SAULS
Pastor principal de *Christ Presbyterian Church* en Nashville, Tennessee, y autor de *Jesus Outside the Lines* y *Befriend*

En *El amor es oxígeno*, Jarrid Wilson evita el exceso de maldad actual y nos señala lo que más importa: el extravagante e inagotable amor de Dios. Conocer el amor de Dios es el viaje para el que nos crearon a todos. Encontrar la profundidad y la altura del amor de Dios es un descubrimiento de por vida que continuará por toda la eternidad. El amor de Dios por ti es tan extravagante que puede ser difícil de entender, pero que está disponible con facilidad para quienes están dispuestos a recibirlo. Jarrid describe de manera brillante la verdad revolucionaria de que Jesús es el regalo del amor de Dios para nosotros y cómo esto influye en cada aspecto de nuestras vidas. *El amor es oxígeno* es un oportuno regalo para los que anhelan conocer el amor de Dios y profundizar en su comprensión del gran misterio de su amor por nosotros. No solo transformará tu vida, sino que a medida que revelas el amor de Dios, también se transformarán los que te rodean.

BANNING LIEBSCHER
Fundador y pastor de *Jesus Culture*

¿Por qué los principios más sencillos de la fe son los más difíciles de comprender y vivir? Me siento agradecida por las verdades inquebrantables que Jarrid Wilson expone en *El amor es oxígeno*, pues me recuerdan este hecho comprobado: soy amada y Dios es quien me ama. Conciso, sincero y lleno de historias de la vida real, el libro de Wilson les permitirá a los seguidores de Cristo vivir, respirar y moverse dentro de la poderosa comprensión del amor de Dios.

MARY DEMUTH
Autora de más de treinta libros, incluyendo *Worth Living: How God's Wild Love for You Makes You Worthy*

Cuando Jarrid dice que «el amor es oxígeno», lo dice en serio, pero por encima del sencillo amor, lo que más te alentará es la sinceridad con la que escribe. Lo deja todo en la página, y su negativa a borrar las partes imperfectas, a pulir la prosa hasta que su orgullo quede protegido, es lo que hace que este libro sea tan bueno.

JON ACUFF
Autor del superventas, según el *New York Times*, *Do Over*

Lo que me encanta de este libro es cómo Jarrid nos permite ir más allá de la superficie y nos revela su propia historia. No solo expone su vulnerabilidad sino que también habla con pasión acerca de Jesús. Todos necesitamos a Jesús más de lo que nos damos cuenta. *El amor es oxígeno* nos acerca a Él y nos ayuda a verlo con mayor claridad.

DANIEL FUSCO
Pastor líder en *Crossroads Community Church* y autor de *Upward, Inward, Outward and Honestly*

La vulnerabilidad y la sinceridad de Jarrid atraparán en seguida los corazones de quienes alguna vez han luchado con la depresión o con solo estar abrumados. La victoria y el principio vencedor del amor servirán de refrigerio para todos.

DR. JOHNNY M. HUNT
Autor de *Demolishing Strongholds*

Dios sabía que el mundo necesitaba una gran dosis de aliento misericordioso, así que le envió a Jarrid Wilson. Sus palabras continúan estimulándome, y a muchos otros, hacia la opción de mostrar amor de manera incesante en vez de juzgar con dureza. *El amor es oxígeno* es uno de esos libros que debe leer cada creyente... ¡y cada escéptico también! ¡Todos necesitamos respirarlo de manera profunda!

BRANDON COX
Pastor líder de *Grace Hills Church* en Bentonville, Arkansas, autor y *coach* en liderazgo

Este libro es justo lo que el mundo necesita en la actualidad. Desde la primera página, Jarrid nos conduce en un viaje hacia el interior de su alma y nos muestra cómo el infalible amor de Dios puede llevarnos desde el quebranto a lo hermoso.

JASON ROMANO
Exproductor de ESPN y actual presentador del podcast *Sports Spectrum*

Mi querido amigo Jarrid nos recuerda la verdad más cierta del universo: que Dios nos ama. De manera innegable, irrevocable y abierta. El amor de Dios es intenso, más intenso que el dolor y los desencantos de esta vida, por muy aterradores que puedan ser. Y creer y recibir este asombroso amor de Dios lo cambia todo en nuestra vida. Este libro contiene el mensaje que puede estremecer a la iglesia y poner el mundo al revés. Este libro es oro.

MATT BROWN (@EVANGELISTMATT)
Evangelista, autor y fundador de *Think Eternity*

Desde la primera oración, Jarrid habla con audacia acerca de su viaje para aceptar el amor de Dios y demostrárselo a otros. Repleto de una vulnerabilidad distintiva y de ejemplos bíblicos, *El amor es oxígeno* nos señala el amor de Dios: nuestra mayor necesidad y nuestro recurso más poderoso. Si frunces el ceño cuando piensas en el amor de Dios, ¡necesitas leer este libro!

SCOTT SAVAGE
Pastor líder de *Cornerstone Church* en Prescott, Arizona, autor y escritor en ScottSavageLive.com

Jarrid Wilson realiza el brillante trabajo de ayudarnos a descubrir el poder del amor de Dios y cómo este puede transformar cada aspecto de nuestra vida.

Su transparencia y autenticidad te cautivarán, y experimentarás una relación que da vida con Dios.

MATT FRY
Pastor líder de *C3 Church* en Clayton, Carolina del Norte, y autor de *I Am*

¡Respira el poder de las palabras de Jarrid! Son su búsqueda sincera y humana para descubrir lo que el amor de Dios significó de veras para él y lo que significará para ti también. ¡Una lectura fantástica!

STEVE CARTER
Pastor y maestro en *Willow Creek Community Church* y autor de *This Invitational Life*

¡Jarrid Wilson lo hizo de nuevo! En un mundo lleno de escritos superficiales, *El amor es oxígeno* ofrece mucho más! Ofrece una oportunidad alentadora y desafiante a la vez de respirar el amor de Jesús, de modo que lo podamos llevar también a un mundo que necesita con urgencia el amor que solo Él puede proporcionar. *El amor es oxígeno* es más que un soplo de aire fresco. ¡Es un llamado a la acción! Es un llamado a recibir el amor, pero también a vivir el amor. ¡Yo quiero responder a ese llamado!

PASTOR J.R. LEE
Fundador y pastor líder de *Freedom Church*

Desde que conocí a Jarrid Wilson, me ha impresionado su franca vulnerabilidad y su disposición de alumbrar el camino hacia un sitio al que muchos tememos ir, trayendo luz al valle de sombra de muerte. Durante mi carrera en la NFL, el lugar de oscuridad en que me encontraba era espantosamente solitario. Muchísimos nos hemos creído la mentira de que tenemos que guardar las apariencias. Trágatelo. Mantén todo bajo control. Actuamos en público mientras morimos por dentro. *El amor es oxígeno* llenará tu corazón de esperanza y despertará en ti el valor que siempre tuviste, pero que nunca viste... hasta ahora.

CLINT GRESHAM
Autor de *Becoming*, ganador del Supertazón XLVIII y orador internacional

Los mejores libros son los que escribimos desde nuestra propia comprensión: el lugar sagrado de la lucha, pérdida y esperanza. Jarrid Wilson lidió con cada una de estas perspectivas en *El amor es oxígeno*, y se nota. Aprecio la verdad sincera y tierna presentada en sus páginas y las claras lecciones que el lector puede aprender con facilidad a fin de aplicarlas a su propia vida. Buen trabajo, Jarrid. Mi deseo es que este libro sea el bálsamo sanador y el recurso de enseñanza que creaste.

LISA WHITTLE
Oradora y autora de *I Want God*

Jarrid, tu disposición de contar todo acerca de tu experiencia con la depresión ayudará a otros y sanará muchas almas. Gracias por recordarnos que, aun cuando sentimos que Dios nos falló, su corazón late sin descanso con amor hacia nosotros. ¡Este es un libro maravilloso!

JAY HAIZLIP
Fundador y pastor principal de *The Sanctuary Church* en Los Ángeles y miembro destacado de *Preachers of L.A.*

En *El amor es oxígeno*, Jarrid Wilson despliega un nivel impresionante de vulnerabilidad que es tanto refrescante como encantador para el lector. Este libro provee una respuesta llena de esperanza enfocada en Cristo para muchos asuntos importantes que afronta nuestra cultura actual.

CURTIS ZACKERY
Pastor y autor de *Soul Rest*

¡La autenticidad y la transparencia de Jarrid son muy refrescantes! *El amor es oxígeno* es uno de esos libros que puedes regalar a cualquiera con la seguridad de que lo impactará! Mi amigo Jarrid Wilson es una persona muy amable y alentadora. Su historia de quebranto y dolor es un poderoso testimonio del amor de Dios. ¡Creo que este libro ayudará a muchos a ver el verdadero corazón de Dios hacia ellos!

JASON KIMBROW
Pastor de *New Life Church* en Fayetteville, Arkansas

El amor es oxígeno nos conduce en un viaje de redescubrimiento. La perspectiva, transparencia y las experiencias personales de Jared se entretejen a la perfección en los hilos de este libro. Si deseas leer y aprender más acerca del amor de Dios y de la senda que Él diseñó para tu vida, este libro no te defraudará.

TIM TIMBERLAKE
Pastor líder de *Christian Faith Center* en Creedmoor, Carolina del Norte, y autor de *Abandon*

Cuando leas *El amor es oxígeno*, aprenderás mucho acerca de la autenticidad, redención y del amor... así como lo aprendí yo. La historia de Jarrid se conectará con la tuya, porque todos tenemos un poco de quebranto encerrado en nosotros.

DAVE STONE

Pastor de *Southeast Christian Church* en Louisville, Kentucky

El amor es oxígeno aparece en nuestro mundo en el momento exacto. En mis cuarenta años de vida, no estoy seguro de que pueda recordar una época en la que el AMOR se necesitara más. Amarnos los unos a los otros, pero también amarnos a nosotros mismos: la clase de amor que solo Dios puede proporcionar. Estoy agradecido de que Jarrid Wilson nos contara su historia y nos ayudara a ver el poder transformador del amor.

TYLER REAGIN

Presidente de *Catalyst Leader*

El amor es oxígeno es más que un libro; es un mapa de carretera hacia un nuevo comienzo para todo el que alguna vez se haya sentido quebrantado, sin esperanza o, simplemente, cansado de intentarlo. Sin tener en cuenta dónde te encuentres en tu viaje, las verdades poderosas de este libro y sus inspiradoras historias llenarán tu corazón de ánimo y renovarán tu fe. Este libro cambiará tu perspectiva y, al hacerlo, puede que cambie también tu vida.

DAVE WILLIS

Pastor y autor del superventas *Las siete leyes del amor*

El mensaje de amor de Jarrid es real y palpable. Me recordó todos los años que pasé sin respirar hondo el amor de Dios por mí, y lo maravilloso que fue cuando por fin logré respirarlo a plenitud. Si alguna vez te has preguntado acerca del amor de Dios por ti, o acerca de cómo amar mejor a quienes te rodean, lee este libro.

ANNA LEBARON

Autora de *The Polygamist's Daughter*

EL AMOR *ES* OXÍGENO

EL AMOR ES OXÍGENO

*Cómo Dios puede darte vida
y cambiar tu mundo*

JARRID WILSON

Unilit

Publicado por
Unilit
Medley, FL 33166

© 2018 Editorial Unilit *(Spanish translation)*
Primera edición 2018

© 2017 por *Jarrid Wilson*
Título del original en inglés:
Love is Oxygen: How God Can Give You Life and Change Your World
Publicado por *NavPress*, junto con *Tyndale House Publishers, Inc.*

Traducción: *Rebeca Fernández*
Edición: *Nancy Pineda*
Diseño de la cubierta e interior: *BGG Designs, www.bggdesigns7.com*

Producto: 495892
ISBN: 0-7899-2395-5 / 978-0-7899-2395-0

Categoría: Vida cristiana / Crecimiento espiritual / General
Category: Christian Living / Spiritual Growth / General

Impreso en Colombia
Printed in Colombia

A Juli, mi esposa y mejor amiga.

Tú no tienes idea de cuánto te amo y valoro. Tu amor por Dios, nuestros hijos y el mundo a tu alrededor me alienta cada día.

CONTENIDO

Capítulo 1

DESCUBRE
la MARAVILLA

Allí estaba, sentado en mi Toyota 4Runner color café claro de 1997, buscando en Google «formas no dolorosas de suicidarse». Estaba quebrantado, vacío, lleno de odio hacia Dios y severamente deprimido. Sentía como si me estuviera ahogando. Había llegado hasta una zona conocida como Skyline, justo afuera de mi residencia suburbana en el sur de California, y había estacionado al borde de un acantilado desde donde se veía todo el condado. A mi derecha estaba San Diego, y a mi izquierda estaba Los Ángeles. Dos hermosas ciudades, y yo estaba entre ellas, abrumado por la oscuridad y la desesperanza.

Nunca pensé que llegaría a ese extremo. No me amaba a mí mismo, ni amaba mi vida ni nada de ella. Mientras crecía, siempre tenía una respuesta para casi todo, pero ahora no podía encontrar una explicación para lo que estaba pasando. No sabía a dónde ir.

Estaba parado delante de un bloqueo espiritual. El amor de Dios parecía estar ausente por completo de mi vida, y mi corazón era como un pozo seco. Me sentía como si estuviera solo en un rincón mientras que el resto del mundo pasaba por mi lado sin notarme. Además, estaba buscando la vida en todos los lugares equivocados: en las fiestas, las drogas y las relaciones. Cualquier cosa que evitara sentirme solo y sin valor. Anhelaba la esperanza, pero las realidades superficiales no me daban nada de esto.

Sé que no estoy solo. Muchos de nosotros hemos estado allí antes, en ese lugar donde todo parece derrumbarse.

Tenía veinte años y trataba de descifrar dónde encajaba en el mundo. Quería amar a Dios, pero no sabía cómo. Las personas que me rodeaban y que decían que tenían una relación con Dios parecían estar llenas de gozo y esperanza. Había algo diferente en ellas. Les encantaba ir a la iglesia los domingos, les gustaba leer la Biblia y alzaban las manos durante las alabanzas. Veía lo que tenían y deseaba tenerlo también.

Quería una relación con Jesús. Sin embargo, no sabía por dónde empezar. Quería encontrar perdón para mis pecados. Aun así, no sabía qué hacer. Quería que Dios me usara. En cambio, no sabía cómo pedir. Estar lleno del amor de Dios no era tan fácil como lo describían los pastores y los maestros de la Escuela Dominical.

Debido a mi depresión, creía la mentira de que nadie en el mundo, mucho menos Dios, se inmutaría con mi muerte. Y que mi quebranto era una carga demasiado pesada que ni siquiera Dios podía llevar. Ninguna cantidad de Zoloft evitaba que me sintiera deprimido. Ninguna sesión de consejería podía impedir que me sintiera sin valor. Y ninguna cantidad de verdad podía impedir que creyera las mentiras que me decía una y otra vez a mí mismo. Yo era mi peor enemigo y parecía ser muy bueno en derrotarme cada día. Estaba listo para decirle adiós a todo lo que había conocido en la vida, el cual era el lugar exacto donde Satanás quería que estuviera. Era un lugar aterrador.

Tal vez estuviera deprimido debido a la lesión que sufrí en el deporte que casi provoca la amputación de una de mis piernas durante mi segundo año de bachillerato y que destruyó por completo mis aspiraciones de jugar fútbol profesional. O quizá se debiera a que había descubierto que tenía una rara enfermedad en la sangre parecida a la leucemia y me faltaban solo unos días para empezar la quimioterapia. Creo que mis sentimientos de que no era valioso tenían que ver con el hecho de que había estado tratando de huir de Dios y sacarlo de mi vida. Creo que solo temía comprometerme del todo con alguien. Y no podía encontrar una forma de tener gozo en mi vida, sin importar cuánto lo intentara. Me sentía como una cometa cuando no hay viento, como un río sin corriente. Todo parecía en vano y le echaba la culpa a Dios por lo que sentía. A pesar de que no me consideraba como un fiel seguidor de Cristo, todavía pensaba que Dios vería mi dolor y mi agonía, y haría algo al respecto.

La cuestión es que Él me daba todas las respuestas que necesitaba. Solo que no escuchaba.

Algunas veces lo que percibimos como silencio de Dios es en realidad nuestro pecado y egoísmo impidiendo que prestemos oído a su voz. Como dice la Biblia en Jeremías 1:5, Dios me había estado hablando desde que me formó en el vientre de mi madre; la verdad de su voz resonó mucho antes de que nos formaran a todos nosotros. Sin embargo, yo había escogido una vida que solo dependía de mis propias fuerzas, deseos y planes. Si deseamos tener una vida centrada en Dios, debemos estar dispuestos a renunciar a la vida centrada en nosotros.

El rescate inesperado

Había escuchado muchas veces la frase «Dios es amor», pero nunca la había recibido de veras en mi corazón. Después de todo, «Dios es amor» parecía contradecir la forma en que algunos cristianos me habían tratado a mí y a otros. Nunca era lo bastante bueno para ellos, nunca actuaba con la santidad suficiente, ni me veía de la forma en que se suponía que debía ser un «buen cristiano». Me quedaba corto. En cambio, ahora me doy cuenta de que Dios es especialista en usar a quienes se quedan cortos.

Fue la época más oscura de mi vida y estaba cansado de que los amigos y la familia me hablaran acerca del amor de Dios. No me importaba quién era Dios ni lo que había hecho por mí. Quería resultados... resultados tangibles en los que pudiera encontrar esperanza. Además, culpaba a Dios por la forma en que me sentía. ¿Por qué no me quitaba este dolor? ¿Por qué no me ayudaba? ¿Por qué no impidió que pasara por las cosas que me llevaron a ese callejón sin salida?

La depresión es experta en volverte ciego a todo lo verdadero. Es un bloqueo que te impide sentir otra cosa que no sea una total oscuridad. Es algo con lo que luchan millones de personas y, lo triste, el suicido fue en el año 2013 la décima causa de muerte en los Estados Unidos y la segunda causa de muerte en las personas de quince a treinta y cuatro años[1].

Sé que no todas las personas de este mundo han lidiado con la depresión o la ansiedad, pero estoy seguro por completo de que te has sentido quebrantado, solitario y desesperanzado en algún momento u otro. No encontrabas el amor ni la aceptación por ningún lugar. Te sentías como si no fueras lo bastante bueno. Dios parecía ausente.

Quizá ahora solo te sientas «bien», y eso es de veras lo mejor que has sentido en mucho tiempo. Tu quebranto te atrapa debido a cosas que sucedieron en el pasado. Cosas que desearías que nunca ocurrieran. Tal vez sean arrepentimientos o fracasos.

O a lo mejor tuvieras que tomarlo con calma y encontrar paz en medio de la violenta tormenta de tus peores recuerdos, los que has tratado de esconder en tu clóset. Esos que no quieres que sepan los demás. Estás dolido. Estás frustrado. Tienes un dolor constante y permanente. Te preguntas: *¿Acaso le importa a Dios?* Yo me lo he preguntado. He estado en ese lugar muchas veces.

La hermosa realidad es que Dios se *preocupa* por ti. Y Él se preocupa por mí. Dios nos ama. Él siente tu dolor. Él siente mi dolor. Y si bien a veces nos responde de una forma que no era justo como lo esperábamos, eso no significa que no escuchara nuestro clamor. A Dios le interesa mucho nuestro dolor y nuestro anhelo de esperanza. Desearía volver el tiempo atrás y decirme esto. ¡Ah, cuánto sufrimiento me habría ahorrado! Aun así, por otra parte, creo que Dios permite todo con un propósito.

Me viene a la mente un pasaje de la Biblia que ilustra de manera muy hermosa la incertidumbre de nuestros corazones:

> Ahora conocemos a Dios de manera no muy clara, como cuando vemos nuestra imagen reflejada en un espejo a oscuras. Pero, cuando

todo sea perfecto, veremos a Dios cara a cara.
Ahora lo conozco de manera imperfecta; pero
cuando todo sea perfecto, podré conocerlo como
él me conoce a mí.

1 CORINTIOS 13:12, TLA

Aunque a veces nos preguntamos qué está sucediendo en nuestras vidas, y aunque no podemos ver con claridad lo que nos espera por delante ni sabemos qué dirección tomar, tenemos esta esperanza: Dios promete que Él eliminará las tormentas y nos dará dirección. Él nos ve y nos sacará de la niebla en que nos encontramos.

A lo largo de mi vida, me he dado cuenta de que me he enfurecido con Dios en muchas ocasiones. ¿Por qué? Porque soy humano. Le he gritado a Dios, lo he maldecido y hasta lo he amenazado porque no me ha dado lo que pensaba que era la mejor respuesta a mi situación actual. Como si mis débiles y frágiles amenazas tuvieran algún impacto en sus decisiones. Tú y yo somos como pequeños puntitos comparados con su majestad y grandeza.

Estoy seguro de que me miraba con paciencia, esperando a que terminara con mi rabieta, sabiendo que no pensaba de veras lo que decía. Solo estaba molesto, quebrantado y frustrado más allá de lo que podía expresar. Él sabía que todavía no había aceptado el amor que me tenía. Estaba demasiado ciego como para verlo. Sin embargo, en su paciencia y gracia, me permitía desahogarme con Él. Me permitía usarlo como un saco de entrenamiento. Ese es un aspecto de la belleza de Dios: Él es lo suficientemente grande como para lidiar con cualquier cosa que le lance, pero lo suficientemente sabio como para no darme todo lo que le pido. Un Padre amoroso en todo su esplendor.

Podrías pensar que Dios es injusto porque no te da todo lo que deseas, pero es todo lo contrario en realidad. El trabajo de Dios no es satisfacer nuestras expectativas personales. La voluntad de Dios no depende de nuestros deseos. Él nos da lo que sabe que es para nuestro bien y para su gloria. Nuestro trabajo es confiar en Él a lo largo de todo el proceso, sin importar cuán difícil pueda ser.

Eso es más fácil decirlo que hacerlo, lo sé. En cambio, cuando aprendes a desprenderte de ti mismo y, en su lugar, te aferras a lo que Dios planeó para ti, la vida empezará a tener mucho más sentido. Un sentido de propósito y de identidad vendrá sobre ti, aumentando tu anhelo de buscarlo mucho más. El amor de Dios está disponible para todos nosotros, sin importar de dónde somos, cómo nos vemos ni qué hacemos. El amor de Dios es para todos quienes van a Él en busca de vida y esperanza.

Cuando pones tu vida en las manos de Dios, tienes que confiar en Él por completo, incluso cuando no entiendes lo que hace, por qué lo hace y por cuánto tiempo lo hará. Algunas cosas solo tienen una respuesta: Confía en Dios aun cuando no tenga sentido. Confiar en Dios en medio de tu quebranto es una experiencia hermosamente dolorosa, pero muy espiritual. Cada vez que pones tu confianza en Dios, eliminas otra cucharada de tu propia obsesión y la sustituyes con la justicia de Dios.

Debes confiar en Dios con tu quebrantamiento, pero darte cuenta de que está bien estar enojado y frustrado con Él, y hasta confundido por completo. Dios puede lidiar con esto. Él no espera que entiendas todo lo que hace. Puedes cuestionar lo que está sucediendo. Puedes apretar un poco el puño. No tienes que actuar como si lo tuvieras todo bajo control. Dios puede lidiar con eso. Su deseo es que lo sueltes todo y que seas sincero con Él respecto a lo que sientes de veras.

Cuando le das a Dios el lugar que merece, tu alma encuentra renovación y paz sobrenaturales en su presencia. Después de todo, nos crearon para tener comunión con Dios. Nos crearon para vivir de la mano con quien nos creó a su imagen. El amor de Dios está ocupado en rescatar a quienes se sienten asfixiados, aunque a menudo actúa de maneras que no esperamos. Aun así, sigue siendo amor y lo necesitamos con desesperación.

Capítulo 2

El AMOR *es la* RESPUESTA

El día en el acantilado, mientras estaba sentado en el auto que mi madre y mi padre me regalaron unos años antes con tanto amor, intenté con todas mis fuerzas convencerme de que valía la pena vivir, que había algo por lo que valía la pena luchar. Es decir, ¿no es esa la pregunta para la que anhelamos tener respuesta? ¿Saber para qué estamos aquí?

Mis intentos de convencerme de mi valor en la vida seguían fracasando. ¿Le importaría a la gente si yo me iba? ¿El mundo sin mí sería diferente en realidad? Pensaba que acabar con todo era más fácil que admitir mi quebranto ante los demás... ni qué decir ante Dios. No quería reconocer que me sentía como si Dios me hubiera abandonado. Al fin y al cabo, crecí en un hogar cristiano. Crecí en la iglesia. Asistía al grupo de jóvenes cada semana, memorizaba versículos bíblicos y hasta me aseguraba de orar antes de dormir. No se suponía que me sintiera así. Debía ser inservible. No debía ser lo bastante bueno para la maravillosa vida que les había dado a muchísimos otros.

Mientras crecía, pensaba que no se suponía que los cristianos se sintieran quebrantados. Nunca escuché a un pastor decir que sentía que no tenía fe, que cometía errores o que estaba atravesando momentos difíciles. No estoy diciendo que esos pastores no existan; solo que nunca escuché a ninguno admitir tales cosas. Así que pensaba que si yo sentía esas cosas, era un mal cristiano y tenía que estar haciendo algo malo. Es como si nunca hubieras visto a tus padres discutir cuando eras niño, de modo que cuando te casas y empiezas a discutir con tu cónyuge piensas que hay algo que anda mal en tu matrimonio (sin darte cuenta de que tus padres sí discutían en realidad, solo que no lo hacían frente a ti).

Entonces, ¿qué hacía? Reprimía todo mi quebranto y fingía que todo estaba genial. No quería que nadie supiera lo que sentía de veras. No recomiendo a nadie que haga eso. Cuando te guardas las cosas adentro, sucede algo similar a cuando echas un paquete de caramelos de menta en una botella de dos litros de Coca-Cola de dieta: A la larga vas a explotar, y tu desastre afectará a todos los que te rodean.

Todos podemos ser un poco como los aviones que mi abuelo y yo vimos en un espectáculo de aviación. Habíamos disfrutado mirando algunos de los aviones más memorables del siglo pasado, a los que restauraron y estaban en una excelente condición... o al menos pensábamos eso. Los motores y el interior de los aviones decían otra cosa. La mayoría de los aviones no volaban, no tenían motores completos o tenían el interior en muy mal estado. De lejos nos parecía que los aviones eran perfectos, pero lo cierto es que estaban muy lejos de serlo.

En nuestra obsesión con los medios de comunicación, nos encanta pintar a la persona perfecta. Tratamos de presentar exteriores impecables y nos desesperamos para que nuestros vidrios sean lo bastante oscuros como para que nadie pueda ver cómo se ve el interior. Sucede lo mismo que cuando Jesús amonestó a los escribas y fariseos porque limpiaban la parte de afuera de la taza y del plato, pero por dentro estaban llenos de avaricia y suciedad (lee Mateo 23:25). No engañamos a nadie y la verdad es que nos hacemos más daño que bien.

Antes de ese día en el acantilado, trataba de actuar siempre como si lo tuviera todo bajo control, como si tuviera todas las respuestas. Pensaba que mientras más tuviera mi vida bajo control, más me respetarían las personas. No podía estar más equivocado. Vivir así significaba que no iba a permitir que alguien supiera que sufría. De ninguna manera mostraría ningún tipo de debilidad que quizá me hiciera quedar mal delante de los demás.

No obstante, aunque la imagen que mostraba podría parecer impecable y original, el interior de mi alma estaba devastada, lastimada y buscando valor en la aprobación de los demás. No era de veras quien fingía ser, y era agotador tratar de mantener las apariencias.

Los que miraban mi exterior quizá pensaran que estaba bien. Nadie adivinaría que estaba sintiendo tanto dolor a una edad tan joven. Tenía una familia amorosa, grandes metas, todo el aliento que podía desear y un grupo grande de amigos. Sin embargo, nadie sabía que había estado luchando con este sufrimiento durante los últimos cinco años de mi vida. No había dicho nada de que tomaba medicamentos porque me sentía demasiado avergonzado como para reconocerlo. Pasaba por más de lo que podía soportar, y no estaba dispuesto a continuar así. Estaba listo para liberarme por fin y hacer que el dolor terminara de una vez por todas.

Tal vez te encuentres en ese mismo punto ahora. O quizá conozcas a alguien que lo está. Aun así, necesitas saber esto: Está bien no tenerlo todo bajo control. Nadie tiene todo bajo control. Por eso es que Dios envió a Jesús, un regalo de amor. Está bien no tener todas las respuestas. Y está bien admitir delante de otras personas que necesitas ayuda. No lo tengo todo bajo control, pero lo bello de eso es que tengo a Dios en mi vida. Él me ama a pesar de todos mis defectos y fracasos. Él *te* ama a pesar de todos tus defectos y fracasos.

Hay libertad en admitir que no somos perfectos. Tenemos que permitirnos ser humanos, cometer errores y romper la esclavitud que se produce cuando siempre queremos aparentar perfección. No somos perfectos y nunca lo seremos (en esta tierra). No te sientas presionado a ser otra cosa que no sea a lo que te llamó Dios. Ignora las opiniones de los demás. Refleja una versión sincera y auténtica de ti cada día. Todo el mundo tiene escenas memorables, pero también están las que hay que volver a filmar.

Mientras clamaba a Dios ese día en mi auto, con el rostro cubierto de sudor y lágrimas, me sentía abrumado. Y entonces, en el momento en que me sentí al final de todo, mis gritos de «No puedo hacer más esto, Dios» se encontraron con un sentido de su presencia, una presencia que las palabras no pueden comenzar a describir. Pensé que quizá me estuviera desmoralizándome un poco, espiritualizando demasiado todo esto, pero en seguida me di cuenta de lo real que era en sí. Abandoné mi orgullo, derribé los muros, admití que no podía hacer nada por mi cuenta y anhelaba aceptar algo mayor que yo mismo: Dios. Y cuando cayeron esos muros,

Él estaba allí al otro lado, esperando, listo para abrazarme con su amor que lo abarca todo.

Mientras continuaba tratando de expresar mi enojo contra el que me creó, noté que poco a poco bajaba el volumen de la voz, que mi enojo comenzaba a cesar y que mi corazón acelerado empezaba a normalizarse. Al final, Dios interrumpió mis lamentos y dijo: «Dame una oportunidad». Fue una voz inaudible, pero que hizo eco a lo largo de mis venas. Me asustaba y me reconfortaba al mismo tiempo.

«Pero Dios, ¡ya no quiero sentirme más así!», grité con lágrimas que me corrían por el rostro.

Su respuesta fue algo que nunca he olvidado: «Jarrid, yo tampoco quiero que te sientas más así».

Ese fue el momento en el que Dios irrumpió en mi vida de la forma más increíble que puedas imaginar. Fue como si un camión hubiera chocado con la parte más profunda de mi vida. Sus palabras fueron tan sencillas, pero a la vez muy poderosas. En un instante me sentí como si hubiera descubierto el misterio del amor de Dios por mí. Ese fue un encuentro como ningún otro. Su amor se hizo tangible, evidente, algo que podía sentir de veras en mi interior. Dios anhelaba que yo aceptara su amor y que les hablara de su amor a otros, un amor lleno de esperanza, un propósito y un destino diferente a cualquier cosa de este mundo. Por primera vez en mi vida sabía que Dios me había visto. Siempre me había visto. Siempre había estado interesado. Pude respirar de nuevo. Mi alma estaba llena. Mi corazón había levantado el vuelo.

Muchos hemos experimentado esto; ese momento cuando Dios entra, habla y nos hace ver lo que está haciendo en nuestras vidas. La verdad es que todos hemos visto una demostración del amor de Dios. Romanos 1:20 afirma:

> Desde la creación del mundo, todos han visto los cielos y la tierra. Por medio de todo lo que Dios hizo, ellos pueden ver a simple vista las cualidades invisibles de Dios: su poder eterno y su naturaleza divina. Así que no tienen ninguna excusa para no conocer a Dios.

Sin embargo, descubrir el amor de Dios es lo que de veras nos llevará a una relación personal con Él. Es una experiencia que cambia la vida, y me quedo corto. Sobre mí vino algo que no puedo describir. Fue casi una experiencia fuera del cuerpo.

Acababa de encontrar todo lo que siempre había deseado con respecto a la fe bíblica, y fue el comienzo de lo que llamo mi «momento de descubrimiento», el momento cuando alguien llega a descubrir el misterio del amor de Dios de forma tal que lo transforma de adentro hacia afuera. Un amor que cambia la vida. La clase de amor que no puedes evitar proclamar desde la azotea y sacar a relucir en cada conversación, y que te hace sonreír cada vez que piensas en él.

Creo que todos tenemos la oportunidad de tener un descubrimiento de Dios que cambie nuestras vidas. Me refiero a todos: tú, yo, el hombre que trabaja en la gasolinera, el atleta famoso, el adicto, la chica del bar, la estrella porno, el presentador de noticias de la televisión, los diez niños que juegan baloncesto en el parque, tu padre abusivo y hasta tu vecino loco. Todos tenemos la oportunidad de descubrir el misterio del amor transformador de Dios. Creo que esto es cierto debido a que Dios nos creó para ese amor, pues Él es amor y nos crearon a su imagen. Descubrir el misterio de su amor nos conduce al cambio y a la verdad. La ironía de la vida cristiana es que mientras más cuenta nos damos de lo perdidos que estamos sin el amor de Dios, más sentido de realización podemos encontrar en Cristo. El amor de Dios puede abrir la puerta a la vida, a la vida verdadera y exuberante. Una vida que toma todos nuestros sentidos en consideración y nos lleva a nuevos niveles de entendimiento espiritual.

En mi caso, los años que siguieron a este encuentro con Dios estuvieron llenos de altibajos, de victorias y fracasos, pero todo había cambiado porque ahora, a cada momento, sé que Dios está conmigo. Sin importar por lo que esté pasando, lo veo como una parte de la historia que Dios escribe en mi corazón. Dios puede tomar a cualquiera del lugar que sea, y a través de su amor, hacer cosas magníficas y maravillosas.

Dios ama tu historia

No sé si alguna vez seré capaz de decir que estoy orgulloso de la persona que era antes de tener una relación de amor con Dios, pero puedo decir sin sombra de dudas que Dios ama mi historia porque me formó y moldeó hasta llegar a ser lo que soy hoy. Sé que Dios también ama tu historia. Dios nos ama tanto que puede quitar cualquier parte de nuestras vidas, quebrantada, hermosa o como sea que esté, y usarla para la gloria de su nombre. Mi pasado de depresión, soledad y dolor me ha ayudado a conectarme con personas alrededor del mundo que atraviesan esas mismas luchas. No siempre fui franco respecto a mi pasado ni a mi batalla continua por la salud mental, pero muy pronto aprendí que mientras más sincero sea en cuanto a esto, más puede usarlo Dios y, a su vez, ayudarme a seguir luchando.

La realidad es que tal vez nunca llegue a conquistar del todo el producto del pecado que llamamos depresión, pero sé que Dios me ha dado la fortaleza y el deseo de levantarme por encima de lo que la depresión quiere que piense de mí mismo. Me doy cuenta de que tal vez no sea capaz de dejar por completo los medicamentos ni la consejería, y también eso está bien. Cualquiera que te diga lo contrario está equivocado. No hay ninguna parte en la Biblia que diga que no debemos combatir las enfermedades y el dolor usando los avances de la medicina que han salido de la mente de personas hechas a la imagen de Dios. Creo que Jesús tiene el poder de sanar cualquier enfermedad o padecimiento de este mundo y, en sí, lo hace a cada momento, pero también entiendo que esto no significa que lo va a hacer por mí con toda seguridad. No le diríamos a un paciente de cáncer que deje la quimioterapia y, en su lugar, se enfoque en Dios; entonces, ¿por qué le diríamos algo semejante a alguien que busca la salud mental? Ahora bien, no me refiero a que todo el que está sufriendo necesita medicamentos, porque ese no es el caso. Eso es entre tú, Dios y el consejo respetable de un pastor y de un psiquiatra certificado. Todos trabajan mano a mano para ayudarte. En cambio, a lo que me refiero es a esto:

No creas que tomar medicamentos y buscar ayuda profesional significan que eres débil o que eres un mal cristiano. Porque esto no es cierto. Los medicamentos no son los enemigos de la fe. Y está bien no estar bien.

La depresión es parte de mi historia, y es una parte dura de mi historia. Sin embargo, aquí está la clave sobre las dificultades que enfrentamos: A medida que comprendemos y aprendemos a vivir en el amor de Dios, nuestras historias pueden convertirse en una forma de llevar ese amor a otros. Hace poco hablé en un festival cristiano donde varios miles de personas escuchaban a sus músicos favoritos, adoraban juntas y visitaban las diversas carpas que auspiciaban distintas organizaciones. Tuve la oportunidad de hablar en dos ocasiones durante los cuatro días, y una de las sesiones estuvo como tres veces más llena que la otra. La sesión se llamaba «Depresión y luz», y yo iba a hablar acerca de mi batalla con la salud mental, con el objetivo de traer esperanza a quienes tal vez se sintieran avergonzados de admitir que también luchaban con lo mismo. La habitación estaba repleta, y había personas sentadas en el piso y en las sillas con lápiz y papel en mano. Me sentí un poco intimidado porque podía sentir el peso de la situación: Personas que luchaban esperaban para ver si yo tenía algo que decirles que las pudiera ayudar.

Mi plan era comentar un capítulo del libro de Job, un libro lleno de la tensión de un hombre entre la oscuridad y la luz, que explica que hasta algunos de los santos más brillantes de Dios han lidiado con la oscuridad de la depresión y la enfermedad mental. Job, Jonás, Abraham y David son solo unos pocos de los hombres de Dios que sufrieron en gran medida la oscuridad en sus vidas, pero todos salieron victoriosos. Todos encontraron consuelo y protección en el amor de Dios.

Mientras me dirigía hacia el micrófono para abrir la sesión con una oración, sentí que Dios me dijo que hiciera algo que no planifiqué. Lo cuestioné por un segundo y en seguida recordé algo que mi esposa siempre me dice: *«Dale a las personas el regalo de ir en segundo lugar»*. Si iba a ser auténtico ante esas personas con respecto a mis luchas, debía serles sincero por completo, sin ocultar nada. No hay tal cosa como tratar de ser «más o menos» auténtico. Así que escuché a Dios. Con cientos de ojos mirándome, regresé por mi mochila y luego le dije a la multitud: «Voy a hacer algo que no tenía planificado esta mañana». Saqué mis medicamentos antidepresivos, abrí la tapa y dije: «Quiero que sepan que no están solos. Y para mostrarles que necesito a un Salvador tanto como ustedes, me gustaría pedirles permiso para tomar mi píldora antidepresiva delante de ustedes. ¿Está bien?».

Gritos de «¡Sí!» y «¡Amén!» llenaron la habitación. Coloqué la pequeña pastilla blanca en mi boca, la tragué con un poco de agua y dije: «Muy bien, ahora hablemos sobre la realidad con respecto a la depresión y a la salud mental». Para mi sorpresa, las personas comenzaron a ponerse de pie y empezaron a aplaudir. No porque yo me tomara un antidepresivo, sino porque fui sincero por completo con ellas. No intentaba esconder mi lucha. Mi esposa se refiere a esto como el regalo de ser el segundo, cuando les puedes mostrar a las personas tu dolor y tus cargas, les das la libertad de bajar la guardia y expresarse con sinceridad. Les das a conocer primero tu historia para que no sientan que tienen que mostrarse perfectos delante de ti.

Todos tenemos cosas en la vida con las que luchamos. Aun así, la realidad es que Dios nos ama a pesar de nuestras luchas y anhela que nos sometamos a su amor mientras luchamos con esas cosas difíciles. Por encima de todo, el amor de Dios es un himno de esperanza para nuestras vidas. Como dice Romanos 8:28 (LBLA):

> Sabemos que para los que aman a Dios, todas las cosas cooperan para bien, esto es, para los que son llamados conforme a su propósito.

Sin importar cuál sea tu historia, tanto si implica depresión, divorcio, temor o duda, Dios la ama porque es tuya. Y te ama a ti a pesar de lo oscura que quizá sea esa historia. El amor de Dios puede tomar tu historia y moldearla para convertirla en un mensaje con el poder de cambiar las vidas de quienes la escuchan. No por ti, sino por lo que Dios puede hacer y hará a través de ti.

Ya ves, el amor es como el oxígeno. Es esencial para la vida cristiana. No podemos vivir sin él. No podemos respirar sin él. Y aquí está la clave con respecto a la respiración: Nos da vida, pero contener el aliento no producirá ese mismo efecto. Tiene que haber un ritmo. Inhalamos y exhalamos. No se supone que retengamos el amor de Dios adentro; es algo que exhalamos al mundo que nos rodea. No podemos evitarlo. Así es que respiramos.

Capítulo 3

DIOS
es AMOR

Quizá estés pensando: *Está bien, Jarrid, es fantástico que Dios te ame. Y es fabuloso que tuvieras esa experiencia que cambió tu vida. En cambio, yo no he tenido esa experiencia. ¿Cómo sé que Dios me ama?* Puedo entender esa pregunta. Seguro. Recuerdo que me lo pregunté muchas veces. Y, de muchas maneras, no hay nada que pueda decirte que te convenza de que Dios te ama. Cada uno de nosotros tiene que descubrirlo por su cuenta. Aun así, he aquí lo que puedo decirte: El amor de Dios por ti, y por mí y por cada persona creada, es de lo que se trata la Biblia. Y cuando se procura conocer y comprender el amor de Dios, su Palabra es un buen lugar para comenzar.

Desde el mismo principio, Dios ha amado de manera incesante a las personas que creó. Es más, hasta el hecho de crear a los humanos fue un acto de amor, un deseo por una relación tan profunda y apasionada que para nosotros es difícil de entender. El acto de amar es tan inherente al carácter de Dios que la Biblia nos dice:

> Queridos amigos, sigamos amándonos unos a otros, porque *el amor viene de Dios.* Todo el que ama es un hijo de Dios y conoce a Dios; pero *el que no ama no conoce a Dios, porque Dios es amor.*

Dios mostró cuánto nos ama al enviar a su único Hijo al mundo, para que tengamos vida eterna por medio de él. *En esto consiste el amor verdadero: no en que nosotros hayamos amado a Dios, sino en que él nos amó a nosotros y envió a su Hijo como sacrificio para quitar nuestros pecados.*

Queridos amigos, ya que Dios nos amó tanto, sin duda nosotros también debemos amarnos unos a otros. Nadie jamás ha visto a Dios; pero si nos amamos unos a otros, Dios vive en nosotros y su amor llega a la máxima expresión en nosotros.

Y Dios nos ha dado su Espíritu como prueba de que vivimos en él y él en nosotros. Además, hemos visto con nuestros propios ojos y ahora damos testimonio de que el Padre envió a su Hijo para que fuera el Salvador del mundo. Todos los que declaran que Jesús es el Hijo de Dios, Dios vive en ellos y ellos en Dios. *Nosotros sabemos cuánto nos ama Dios y hemos puesto nuestra confianza en su amor.*

Dios es amor, y todos los que viven en amor viven en Dios y Dios vive en ellos; y al vivir en Dios, nuestro amor crece hasta hacerse perfecto. Por lo tanto, no tendremos temor en el día del juicio, sino que podremos estar ante Dios con confianza, porque vivimos como vivió Jesús en este mundo.

1 JUAN 4:7-17, ÉNFASIS AÑADIDO

¿Te das cuenta de lo que dice Dios en este pasaje? Si alguien no ama a los demás, esa persona no conoce a Dios. ¿Por qué? Porque *Dios es amor*. Así de simple. Sin importar quiénes seamos ni de lo que hayamos hecho, Dios nos ama y desea que conozcamos su amor. A sus ojos no hay parcialidad. Su amor corre vertiginoso y desenfrenado. Si nuestras vidas están sin amor, están sin Dios.

Podría escribir todo un libro acerca de cómo vemos la realidad del amor de Dios a lo largo de toda la Escritura. Solo mira el libro de Éxodo. El pueblo de Dios, los israelitas, eran esclavos en Egipto. El faraón tenía miedo porque eran muchos, ¡había tantos que podían derrocarlo! De modo que el faraón convirtió la esclavitud en un infierno para todos los hebreos.

> Los egipcios esclavizaron a los israelitas y les pusieron capataces despiadados a fin de subyugarlos por medio de trabajos forzados. Los obligaron a construir las ciudades de Pitón y Ramsés como centros de almacenamiento para el rey. Sin embargo, cuanto más los oprimían, más los israelitas se multiplicaban y se esparcían, y tanto más se alarmaban los egipcios. Por eso los egipcios los hacían trabajar sin compasión. Les amargaban la vida forzándolos a hacer mezcla, a fabricar ladrillos y a hacer todo el trabajo del campo. Además, eran crueles en todas sus exigencias.
> ÉXODO 1:11-14

A Moisés, nuestro líder valiente de la historia, lo protegieron de la muerte desde que era niño cuando la hija del faraón lo adoptó y lo crio como egipcio. Más tarde, Dios le dio una revelación inconcebible a través de una zarza ardiendo: Dios vio a los israelitas. Él los amaba mucho. Y deseaba que fueran libres.

Con gran audacia, Moisés se enfrentó al faraón y le comunicó el deseo de Dios de que dejara marchar a su pueblo. Y el faraón, que quería quedarse con sus esclavos, pasó por alto todas las advertencias.

> Moisés y Aarón fueron a hablar con el faraón y le dijeron:
>
> —Esto dice el Señor, Dios de Israel: "Deja salir a mi pueblo para que celebre un festival en mi honor en el desierto".
>
> —¿Ah sí? —replicó el faraón—. ¿Y quién es ese Señor? ¿Por qué tendría que escucharlo y dejar ir a Israel? Yo no conozco a ese tal Señor y no dejaré que Israel se vaya.
>
> Pero Aarón y Moisés insistieron:
>
> —El Dios de los hebreos nos ha visitado —declararon—. Por lo tanto, déjanos hacer un viaje de tres días al desierto a fin de ofrecer sacrificios al Señor nuestro Dios. Si no lo hacemos, nos matará con una plaga o a filo de espada.
>
> El faraón respondió:
>
> —Moisés y Aarón, ¿por qué distraen al pueblo de sus tareas? ¡Vuelvan a trabajar! Miren,

hay muchos de su pueblo en esta tierra y ustedes
les impiden continuar su labor.

ÉXODO 5:1-5

El amor de Dios no se rinde al afrontar oposición. Él no permite que las palabras del hombre se interpongan en su rescate. El verdadero amor persevera. El verdadero amor se empeña. Y esto es justo lo que vemos que Dios hace en esta historia.

Liberar a los israelitas, y hacerlo por medio de Moisés, quien huyó de Egipto y trató de convencer a Dios de que no lo usara, parecería una tarea desalentadora, una misión imposible. Sin embargo, eso es lo que hace Dios. Su sabiduría, poder y amor sacan lo imposible de la ecuación. *Nada* puede interponerse entre Dios y su amor por los que llama suyos. No hay hombre, poder, ejército, espada, adversidad ni enemigo.

Estoy seguro de que los israelitas oraban a menudo para que Dios los liberara de su yugo. Aun así, me pregunto cuántos de ellos habían comenzado a darse por vencidos. ¿Cuántos creyeron la mentira de que Dios ya no los amaba, que los había abandonado?

En cambio, Él no los abandonó. Y Él tampoco nos abandona a nosotros.

Dios usó a Moisés para que continuara hablando con el faraón después que este se negó a escuchar su petición. Y como el faraón seguía negándose a escuchar, Dios actuó. Sangre, ranas, mosquitos, moscas, enfermedades de los animales, llagas purulentas, granizo, langostas, tinieblas y la muerte de los primogénitos (lee Éxodo 7—11). Todos fueron parte del castigo de Dios contra el faraón por no liberar a su pueblo. Esto demuestra hasta dónde es posible que llegue Dios para manifestar su amor por su pueblo. Esto demuestra cuán lejos Él llegará para liberarlo.

Al parecer, después de la décima plaga, el faraón tuvo suficiente. En Éxodo 12:31 lo encontramos llamando a Moisés y Aarón durante la noche.

> «¡Lárguense! ¡Váyanse! ¡Dejen en paz a mi pueblo —les ordenó— y llévense a todos los demás israelitas con ustedes! Vayan y adoren al Señor como han pedido».

El farón tuvo más que suficiente y estuvo dispuesto a dejar ir al pueblo de Dios. Y Dios no abandonó a su pueblo allí, ni siquiera en el momento de la libertad. Su amor no solo se extiende hasta el punto de nuestras necesidades obvias, pues siempre lo necesitamos. Dios les dio a los israelitas una vía segura a través de las aguas, dividiendo el mar Rojo y tragándose dentro al ejército del faraón. Entonces, Dios le dio a Moisés la ley, la manera de dirigir al pueblo hacia Dios, la manera para que lo sigan y permanezcan en su amor siempre presente. Puesto que nada, ni las fuerzas externas ni los disturbios internos, ni siquiera nuestra propia rebelión, detiene el amor de Dios.

> ¿Quién nos apartará del amor de Cristo? ¿La tribulación, o la angustia, la persecución, el

hambre, la indigencia, el peligro, o la violencia?
Así está escrito:

> «Por tu causa siempre nos llevan a la muerte;
>   ¡nos tratan como a ovejas para el matadero!».

Sin embargo, en todo esto somos más que
vencedores por medio de aquel que nos amó. Pues
estoy convencido de que ni la muerte ni la vida,
ni los ángeles ni los demonios, ni lo presente ni lo
por venir, ni los poderes, ni lo alto ni lo profundo,
ni cosa alguna en toda la creación podrá
apartarnos del amor que Dios nos ha manifestado
en Cristo Jesús nuestro Señor.
ROMANOS 8:35-39, NVI

El inexplicable amor de Dios por nosotros es tan poderoso
y perseverante como su amor por los israelitas. Nosotros
somos su pueblo. Su amor nunca cambia. No tiene límites,
ni temor, ni prerrequisitos. Siempre nos encontraremos cara
a cara con el amor de Dios sin importar dónde estemos en la
vida. Él viene a nuestro encuentro justo donde estamos.

La liberación de los israelitas de manos del faraón es un
ejemplo increíble del amor de Dios por su pueblo. Dios está
dedicado a la protección de su familia y hará lo que sea necesario
para asegurarse de que sepa que es muy amada. Él es un Padre
amoroso que ama y busca a sus hijos a cada momento. Y su
acto supremo de amor fue, no obstante, otro rescate.

Una corona llena de espinas

Jesús es el amor de Dios encarnado. Jesús es el rescate de Dios hecho carne. Jesús, su vida, su muerte, su resurrección, es el ejemplo más grande del amor de Dios. Al igual que en Éxodo, Dios envió a alguien a liberar a su pueblo de la esclavitud. Excepto que esta libertad no es de la esclavitud física: Dios envió a su único Hijo, Jesús, para liberar a sus hijos de la esclavitud del pecado y del quebrantamiento, para liberarnos a ti y a mí, si decidimos seguirlo a Él para salir de la esclavitud en la que estamos.

> Pues Dios amó tanto al mundo que dio a su único Hijo, para que todo el que crea en él no se pierda, sino que tenga vida eterna.
> JUAN 3:16

A Jesucristo, nuestro Señor y Salvador, lo colgaron en una cruz en nuestro lugar, a fin de pagar un castigo que no debía. Se hizo como uno de nosotros, llevó una corona de espinas, sufrió nuestro juicio, cargó con nuestros pecados, soportó los clavos en sus manos y entregó su vida para que tuviéramos la oportunidad de encontrar vida en Él.

Puedes asegurar la profundidad del amor de alguien por lo que cuesta. El gran amor de Cristo le costó su vida. Este acto de amor es la definición del amor en sí mismo: entregar tu vida por el bien de otro.

> No hay un amor más grande que el dar la vida por los amigos.
> JUAN 15:13

Con la muerte y la resurrección de Jesús, con la libertad del pecado, vemos cómo Dios da a conocer su carácter de amor vivo.

Matthew Henry afirmó:

> El Espíritu de Dios es el Espíritu de amor. El que no ama la imagen de Dios en Su pueblo, no tiene conocimiento salvador de Dios. Pues ser bueno y dar felicidad es la naturaleza de Dios. La ley de Dios es amor; y todos serán perfectamente felices si todos la hubiesen obedecido. La provisión del evangelio, para el perdón de pecado, y la salvación de los pecadores, consistente con la gloria y la justicia de Dios, demuestra que Dios es amor[2].

Déjame decirlo otra vez: Dios es amor. No hay nada que puedas hacer para lograr que Dios te ame más o menos. Él murió por ti. Es un hecho. Él solo te ama.

¿Esto te parece increíble tanto como a mí? Dios, el creador del universo, es la misma definición del amor, y lo demostró al sacrificar a su único Hijo. No nos cabe en la mente. Nuestro amor por Dios no se puede comparar con el amor que Él nos tiene a nosotros. No podemos amarlo más de lo que nos ama, no podemos perdonarlo más ni ser más inteligentes que Él. Solo es así de increíble. Dios anticipó todas las piezas feas de nuestra vida y, aun así, envió a su Hijo a morir por nosotros. Nos amó lo suficiente para ofrecernos el rescate.

El amor es la verdadera razón por la que el cuerpo de Jesús fue roto brutalmente sobre esa tosca cruz. Es el inmejorable, sin restricciones y sin dudas el mayor atributo de Jesús. El amor de Dios transformará la manera en que ves la vida e invadirá de forma radical el modo en que ves a los demás. Dios, Jesús y el Espíritu Santo son la definición del amor en sí mismo.

Dios no es un intimidador

Mientras crecía, no entendía esto acerca del amor de Dios. Por el contrario, me imaginaba a Dios como un guardián del bien que siempre procuraba castigarme si lo echaba todo a perder o si hacía algo que lo hiciera irritar. Lo triste es que adquirí esa versión del amor de Dios de innumerables sermones que predicaban los pastores que usaban la táctica del miedo para aclarar sus puntos. Y me encontré cara a cara con esta mentalidad cuando mi tía me llevó a mi primer festival de música cristiana. Aunque todavía estaba un poco escéptico acerca de Dios y de toda la idea de la fe, estaba emocionado por este concierto del que había escuchado. Llegamos a un estadio de pelota donde casi cuarenta mil cristianos y no cristianos iban a dedicarle tiempo a la adoración, a escuchar el mensaje y a orar juntos. Me encantaba la idea. Sin embargo, mi emoción y mi curiosidad se acabaron en seguida cuando vi a algunos hombres, mujeres y niños parados encima de varios cubos gritándoles a las personas. A medida que nos adentrábamos en la multitud, algunos nos llamaron «pecadores odiosos», mientras otros cantaban:

«¡Arrepiéntanse y serán salvos!». La esperanza de Jesús, la cual yo necesitaba desesperadamente, se perdió en medio del fuego y el azufre del infierno. Y esto pasa demasiado a menudo.

Ahora que entiendo el amor de Dios, el cual impregna las Escrituras y ha invadido mi vida, me pregunto por qué tantas personas ilustran a Dios de esa manera. ¿Habla la Biblia acerca de la ira de Dios? Sí. En cambio, ¿significa esto que Dios no es nada más que iracundo y que busca destruir todo lo que se le presenta por delante? No. Para nada. Ni siquiera una vez en mis estudios he visto a Dios furioso y gritando. Me imagino que esto sucede porque las personas pierden de vista que Él es un Padre amoroso y cariñoso. Dios no está ahí para pillarnos, ni tampoco está buscando siempre una razón para condenarnos. En realidad, me atrevería a decir que la última cosa que querría hacer es castigar o condenar a los que ama. Más bien, debido a que nos ama, no quiere que tengamos vidas que nos alejen de Él. Nos tiene que dirigir hacia el camino de la justicia y de la verdad según lo muestra su Palabra, lo mismo que cualquier padre tiene que hacer con su hijo o hija. Lo cierto es que su corrección es un subproducto de su amor por nosotros. Y creo que, así como cualquier niño, podemos escoger ignorarlo y alejarnos de la vida y de la sabiduría que tiene para nosotros... y esa elección es lo que nos separa de Él. Esto no debe confundirse con apartarse de la salvación, pues no me refiero a eso aquí.

Sin embargo, aun cuando le damos la espalda, Él todavía nos ofrece su amor. Constantemente está buscando oportunidades para mostrarnos a ti y a mí más amor y gracia. Él es cualquier cosa menos el intimidador que tantas personas intentan hacer que sea. Creo que muchos necesitamos cambiar nuestro enfoque al amor y a la compasión que Dios ofrece en vez de centrarlo en la ira y el castigo que solo vendrá a quienes están en su contra.

Entonces, si bien Dios no es un intimidador, de seguro que lo son algunos que lo siguen. Durante siglos hemos visto a personas usar el nombre de Dios como un medio para intimidar a quienes no son como ellas. Hasta hoy en día, la gente señala, protesta y grita porque creen que es su deber dado por Dios. Muchos cristianos creen que su llamado aquí en la tierra es censurar con severidad el quebrantamiento y los fracasos de otros, como si hacer sentir culpables a las personas por sus fallos fuera una forma de darles esperanza. Sin embargo, una y otra vez veo que esta táctica se queda muy corta. No sirve. Es más, hace daño.

Esta clase de mentalidad me confunde. Me rompe el corazón. Y es algo que no me deja dormir en la noche. Me es difícil aceptar que haya tantos dedos acusadores que se usan como armas para avergonzar en vez de redimir, y lucho con el juicio extremo que sale de la boca de la mayoría de los que se autoproclaman portadores de la cruz cuando alguien falla a la luz pública. ¿Por qué a los pastores y líderes religiosos les gusta usar los fracasos de otros como ilustraciones para sus sermones? ¿Por qué los blogueros cristianos fomentan el odio personalizado hacia alguien con el objetivo de ganar popularidad? ¿Por qué algunas iglesias critican a otras iglesias porque «no son como nosotros»? Todas estas son preguntas en las que pienso a diario. Dios necesita más campeones del amor y menos provocadores religiosos.

A veces me pregunto por qué Dios permite que lo representen tales ejemplos de falta de amor. Todos nos quedamos cortos, pero vivir siempre opuestos a la forma en que Jesús nos indicó que viviéramos es indignante. Dios tiene que estar muy decepcionado al ver las cosas tan dañinas que se hacen en su nombre.

Podemos tener opiniones diferentes, pero debemos comunicar nuestra perspectiva con amor y sinceridad, no con crueldad y dureza. Incluso, cuando se trata de un asunto de pecado, ¡no debemos permitir que nuestra respuesta se vuelva pecaminosa también y presentemos una imagen equivocada del Dios al que decimos seguir! No tiene sentido combatir algo que consideramos oscuro con más oscuridad.

Cierto, no todos los cristianos han decidido actuar de esa manera, pero muchos lo han hecho. Todos podemos tomar decisiones, basadas en nuestro propio concepto de lo que es bueno, que no transmiten el amor de Dios hacia las personas que ama Jesús. Cuando hacemos estas cosas, nuestras ambiciones egoístas encubren nuestro amor por Dios, y eso no va a persuadir a nadie para que le dé una oportunidad a Él en su vida.

Todo se trata de un asunto del corazón. Cuando actuamos sin amor y representamos a Dios de la misma manera, vivimos en pecado y orgullo, lo que nos impulsa a pensar que nuestra obligación es reprender y regañar a otros que no son ni mejores ni peores que nosotros. Esta clase de conducta no contribuye a la expansión del amor de Dios, ni ayuda a traer a nadie al conocimiento del amor de Dios. El temor no es la vía para convencer a las personas de que tengan una relación con Dios. La única vía para esto es el amor. Y recuerda, el amor es la esencia de Dios.

Capítulo 4

El AMOR GENEROSO

El momento de mi bautizo quizá fuera uno de los más memorables de mi viaje de fe. No solo porque mi padre me bautizó, sino también porque mi hermano menor estaba también en el agua y comenzó una nueva vida con Cristo ese día. Había esperado mi bautizo por mucho tiempo. El hombre viejo murió y el hombre nuevo comenzaba a vivir. Me gustaría decir que no hubo años de rebelión antes de ese momento, pero no fue así. No puedo contar las veces que me he disculpado con mi padre por la forma en que actué como adolescente. Siempre se ríe y me dice que no hay problema. Sin embargo, la realidad es que lo hubo. Actuaba como un tonto, ignoraba a mi familia y trataba de encontrar mi camino en la vida yo solo. No fue hasta que llegué a la casa de mi Padre celestial que todo en mi vida cambió, y me siento muy agradecido de que mi padre terrenal también me diera la bienvenida de vuelta a casa con los brazos abiertos. No hubo preguntas ni comentarios, solo brazos abiertos y compasión. Creo que esta clase de amor me colocó de veras en el camino hacia el éxito en mi vida. Y esta es la clase de amor que debemos estar dispuestos a mostrarles a otros, sin importar cuán oscuro o desolado sea su estado.

En Lucas 15:11-32, Jesús describe la historia de esta clase de amor que cambia la vida... el amor por un hijo que continúa alejándose de lo bueno, mientras que su amoroso padre lo esperaba siempre en casa:

> Un hombre tenía dos hijos. El hijo menor le dijo al padre: «Quiero la parte de mi herencia ahora, antes de que mueras». Entonces el padre accedió a dividir sus bienes entre sus dos hijos.
>
> LUCAS 15:11-12

Pedir una herencia antes de tiempo era indignante. En realidad, el hijo menor le decía a su padre: «¡Me gustaría que estuvieras muerto!». El padre, en cambio, aceptó el deseo de su hijo, aun sabiendo que quizá no fuera la mejor idea. Sin embargo, una cosa que he aprendido en la vida es que a veces escuchar buenos consejos no es suficiente.

Me imagino a este hijo y su padre despidiéndose mientras el padre le daba su parte de la herencia y algunas palabras finales de sabiduría. «Asegúrate de ahorrar parte de ese dinero», tal vez dijera. «No lo gastes todo de una sola vez». Aun así, sabía que su hijo iba a tomar sus propias decisiones sin importar lo que le dijera, y su deber era dar un paso atrás y permitir que eso sucediera.

Mi padre hizo justo lo mismo en un par de ocasiones. Él vio la bandera roja, pero mi ignorancia e inmadurez no me permitieron verla. Estaba tan emocionado por lo que me esperaba, que pasé por alto los detalles del asunto y los posibles obstáculos. Mi padre sabía que la única forma en que aprendería era a través de la prueba y el error, y a veces esa es la mejor manera de mostrarle amor a alguien: darle toda la sabiduría que puedas, pero permitirle aprender a las malas cuando no tiene en cuenta tu consejo. Puesto que no puedes forzar a alguien a escuchar y a hacer lo que es bueno. La persona tiene que hacerlo por voluntad propia.

> Pocos días después, el hijo menor empacó sus pertenencias y se mudó a una tierra distante, donde derrochó todo su dinero en una vida desenfrenada. Al mismo tiempo que se le acabó el dinero, hubo una gran hambruna en todo el país, y él comenzó a morirse de hambre. Convenció a un agricultor local de que lo contratara, y el hombre lo envió al campo para que diera de comer a sus cerdos. El joven llegó a tener tanta hambre que hasta las algarrobas con las que alimentaba a los cerdos le parecían buenas para comer, pero nadie le dio nada.
>
> LUCAS 15:13-16

El hijo menor se da cuenta que está solo y rechazado, tal como me imagino que le advirtiera su padre. La Biblia dice que «derrochó todo su dinero en una vida desenfrenada», lo cual podemos imaginar que incluye cosas como juegos de azar, prostitutas, vida lujuriosa y glotonería. El hijo vivió así hasta que se le acabó el dinero. Estoy seguro de que todo le vino muy rápido a la mente. Me imagino que pensó: *¿Adónde se fue todo mi dinero?* Y entonces... la hambruna. Justo cuando más necesitaba su dinero, este se terminó.

Estaba sin un centavo. Estaba solo. Estaba hambriento. Tratar de persuadir a un agricultor para que lo contratara podía ser mucho más difícil de lo que podemos imaginar; es probable que la hambruna tuviera a todos tratando de buscar cómo sobrevivir. No obstante, se las arregló para encontrar un trabajo alimentando cerdos. Y para alguien que no tenía nada, esa comida comenzó a parecer apetitosa. ¿Puedes imaginar cómo sería cambiar de un estilo de vida casi de la realeza a alimentar cerdos y valorar la posibilidad de comer su comida debido al hambre? Pasó de lo más alto a lo más bajo en lo que quizá pareciera un abrir y cerrar de ojos.

> Cuando finalmente entró en razón, se dijo a sí mismo: «En casa, hasta los jornaleros tienen comida de sobra, ¡y aquí estoy yo, muriéndome de hambre! Volveré a la casa de mi padre y le diré: "Padre, he pecado contra el cielo y contra ti. Ya no soy digno de que me llamen tu hijo. Te ruego que me contrates como jornalero"».
> Entonces regresó a la casa de su padre.
> LUCAS 15:17-20

Algo se activó dentro del hijo. Sus circunstancias actuales en la vida eran cualquier cosa menos donde quería estar. Y su corazón comenzó a cambiar. El estilo de vida que llevaba no satisfacía su anhelo de realización. Estaba quebrantado. Y entró en razón. ¡Los jornaleros de su padre estaban mejor que él! Tenían un lugar para dormir, ropa limpia y barrigas llenas de comida... al contrario de él.

Eugene Peterson describió la falsedad de las mentiras del mundo de esta manera: «El primer paso hacia Dios es un paso en dirección contraria a las mentiras de este mundo»[3]. Y eso es lo que hizo el hijo. Decidió que había llegado la hora de dejar su orgullo y regresar a casa, es probable que preguntándose si su padre le dirigiría la palabra. Tal vez pensara: *¿Cómo voy a explicarle que mi herencia se acabó?* Sin embargo, no tenía otra opción. O bien vivía con los cerdos y fingía que todo estaba bien, o admitía su fracaso y buscaba el perdón de su padre. Seamos sinceros, muchos escogeríamos la primera opción en vez de la segunda.

> Cuando todavía estaba lejos, su padre lo vio llegar. Lleno de amor y de compasión, corrió hacia su hijo, lo abrazó y lo besó. Su hijo le dijo: «Padre, he pecado contra el cielo y contra ti, y ya no soy digno de que me llamen tu hijo».
>
> Sin embargo, su padre dijo a los sirvientes: «Rápido, traigan la mejor túnica que haya en la casa y vístanlo. Consigan un anillo para su dedo y sandalias para sus pies. Maten el ternero que hemos engordado. Tenemos que celebrar con un banquete, porque este hijo mío estaba muerto y ahora ha vuelto a la vida; estaba perdido y ahora ha sido encontrado». Entonces comenzó la fiesta.
>
> LUCAS 15:20-24

He leído cientos de veces que no era algo común que en ese tiempo un hombre corriera hacia otro hombre. Imagínate cuán emocionado tendría que estar el padre cuando vio a su hijo en la distancia. Yo me sentiría así también al ver a uno de mis hijos en la distancia. El versículo 20 dice: «Lleno de amor y de compasión, corrió hacia su hijo, lo abrazó y lo besó». Creo que el padre sabía por qué regresaba su hijo. Sabía que había desperdiciado el dinero. Sabía que su hijo había hecho justo lo que le dijo que no hiciera... pero corrió a pesar de eso. Y Dios todavía corre hacia nosotros.

Es probable que el hijo, después de admitir su fracaso, esperara que su padre se enojara y lo regañara, lo que habría sido aceptable por completo. En cambio, el padre no hizo eso. Es más, hizo todo lo contrario. Le dio la bienvenida a su hijo menor con abrazos, besos, la mejor ropa en la casa, sandalias para sus pies y un anillo de oro para su dedo. Eso es lo que hace el amor. El padre actúa como si el hijo nunca se hubiera marchado de la casa, dándole la bienvenida con amor, gracia y lo mejor que tenía para ofrecerle.

El amor de un padre por sus hijos es algo que nunca entendí de veras hasta que fui padre. Ahora lo entiendo. Entiendo por qué el padre se emocionó tanto al ver a su hijo regresar a casa sano y salvo. No podía contener su gozo.

El hijo no esperaba que nada de esto pasara; lo sabemos porque dijo: «Ya no soy digno de que me llamen tu hijo» (versículo 21). Condenado por sus acciones, procuró el perdón de su padre. Y por supuesto que su padre no solo lo perdonó, sino que también celebró su regreso con una fiesta y un banquete.

Mientras tanto, el hijo mayor estaba trabajando en el campo. Cuando regresó, oyó el sonido de música y baile en la casa, y preguntó a uno de los sirvientes qué pasaba. «Tu hermano ha vuelto —le dijo—, y tu padre mató el ternero engordado. Celebramos porque llegó a salvo».

El hermano mayor se enojó y no quiso entrar. Su padre salió y le suplicó que entrara, pero él respondió: «Todos estos años, he trabajado para ti como un burro y nunca me negué a hacer nada de lo que me pediste. Y en todo ese tiempo, no me diste ni un cabrito para festejar con mis amigos. Sin embargo, cuando este hijo tuyo regresa después de haber derrochado tu dinero en prostitutas, ¡matas el ternero engordado para celebrar!».

Su padre le dijo: «Mira, querido hijo, tú siempre has estado a mi lado y todo lo que tengo es tuyo. Teníamos que celebrar este día feliz. ¡Pues tu hermano estaba muerto y ha vuelto a la vida! ¡Estaba perdido y ahora ha sido encontrado!».

LUCAS 15:25-32

El hermano mayor no estaba muy contento por la forma en que respondió su padre. Eso es un asunto del corazón. Las personas que de veras no han encontrado el amor y la gracia de Dios, no saben cómo responder cuando otros los reciben. Aun así, ellos también son muy amados. También los invitan a regresar a casa.

Esta historia es hermosa porque tanto tú como yo somos el Hijo Pródigo. El padre es nuestro Padre celestial, y el hermano representa a quienes todavía no han experimentado de verdad la gracia y el amor inmerecidos de Dios.

Muchas enseñanzas se pueden extraer de esta parábola, pero una de las verdades más ricas se encuentra en esta palabra: *pródigo*. ¿Cuán a menudo escuchas esta palabra que no sea en esta historia? No es muy popular en Twitter, en la televisión ni en las conversaciones diarias. Muchos de nosotros, si se nos pidiera hacerlo, no podríamos definirla siquiera. A menudo la asociamos con el hecho de estar perdido y regresar. Su definición, sin embargo, es muy diferente. *Pródigo* tiene dos significados:

1. «Gastar dinero o recursos de manera libre e imprudente; derrochadamente extravagante».
2. «Tener o dar algo a un nivel de abundancia»[4].

Es evidente que la primera definición se ajusta al hijo menor. Tomó su herencia y la gastó en una vida de derroche, echando a la basura años de sacrificio y trabajo duro de su padre. La segunda definición, en cambio, también se ajusta en esta historia... con respecto al padre. ¿Qué sucedió cuando el hijo regresó a casa? En vez de castigarlo por su conducta imprudente, el padre hizo una fiesta extravagante, matando el ternero más gordo y haciendo un enorme banquete. Ese es el amor pródigo: amor abundante y extravagante. El amor que Jesús nos tiene es un amor pródigo, muchísimo más de lo que merecemos. Sin importar lo que hagamos, Él siempre continúa derramándolo, cubriéndonos con su amor y, a cambio, anhela el nuestro. Conozco a muchas personas que dicen que no pueden entrar siquiera a una iglesia, que sus vidas están demasiado sucias como para que Dios las abrace, y que sus fracasos pasados son demasiado monstruosos como para que la gracia de Dios los perdone.

Sin embargo, ningún ser humano está demasiado dañado como para no poder recibir la gracia incomparable de nuestro Señor y Salvador. Todos hemos hecho cosas de las que no nos sentimos orgullosos, hemos dicho cosas que desearíamos no haber dicho y hemos estado en lugares a los que no nos atreveríamos a regresar. Y si bien muchos hemos alcanzado redención gracias al sacrificio de Jesús, debemos recordar que millones de personas en este mundo todavía no han llegado a ese punto.

El apóstol Pablo dijo en 1 Corintios 15:9-10:

> Pues soy el más insignificante de todos los apóstoles. De hecho, ni siquiera soy digno de ser llamado apóstol después de haber perseguido a la iglesia de Dios, como lo hice.
>
> Sin embargo, lo que ahora soy, todo se debe a que Dios derramó su favor especial sobre mí, y no sin resultados. Pues he trabajado mucho más que cualquiera de los otros apóstoles; pero no fui yo sino Dios quien obraba a través de mí por su gracia.

La verdad detrás de las palabras de Pablo es revitalizadora y escandalosa: que incluso un hombre que una vez persiguiera a la iglesia de Jesucristo, ahora le redimieron y perdonaron debido a la gracia de Dios. Una segunda oportunidad le aguardaba a Pablo por medio del amor transformador y pródigo de Cristo.

El amor de Dios no solo está disponible para nosotros cuando somos buenos. Todos somos pródigos que necesitamos el amor de nuestro Padre. Él nos está esperando con los brazos abiertos cuando decidimos regresar a casa. Y hasta nos hará una fiesta. Eso es lo mucho que nos ama.

Capítulo 5

AMOR > TEMOR

En cierta ocasión, Rick Warren dijo que el «temor es una prisión autoimpuesta que te impedirá convertirte en lo que Dios quiere que seas. *Debes* moverte en su contra con las armas de la fe y el amor»[5]. La vez que más asustado me he sentido en mi vida fue en una montaña rusa. ¡En serio! Cuando servía en una iglesia como pastor de las nuevas generaciones, mi esposa y yo organizamos un viaje a uno de los parques de diversiones más grandes del país. Llevamos a un total de trescientos adolescentes y yo, alguien que detesta los parques temáticos y las montañas rusas más que cualquier otra cosa en el mundo, tuve que cuidar a los estudiantes todo el tiempo. Supuse que esto sería mi muerte.

Permíteme ser muy sincero por un segundo. Cuando digo que no me gustan las montañas rusas, quiero decir que *de verdad* no me gustan las montañas rusas. No me preocupa sentarme en un columpio, ni en un tronco que se desliza por el agua, ni en tazas coloridas que dan vueltas. Sin embargo, ¿un cajón que está sujeto a un carril de madera o de metal y que alcanza una velocidad de más de ochenta kilómetros por hora? No, gracias. Estoy satisfecho. (Ni hablar de esas en las que tienes los pies colgando en el aire como si fueran espaguetis. No tengo nada que hacer en esos juegos). Me gusta mi vida y me crearon para andar en la tierra. Si se supone que debería volar a la velocidad de un pequeño avión, Dios me habría dado alas y motor.

No obstante... no podía permitir que esos niños a los que técnicamente estaba pastoreando pensaran que era un total perdedor porque no los acompañaba en los juegos. ¿Ya dije que era la primera semana como su pastor? No podía ser el tipo que solo los esperara a la salida. Nadie respetaría a un tipo así. Tuve que encontrar mis temores cara a cara y orar para que Dios me ayudara a no gritar como un niño delante de esos adolescentes a los que, literalmente, acababa de predicarles acerca de tener fe en medio de los temores. (Estoy seguro de que Dios se estaba riendo de mí).

Los primeros juegos que escogieron los chicos eran pan comido. Nada con los que no pudiera lidiar. Tal vez, después de todo, tendría suerte y terminaría el día sin tener que afrontar mis temores. Sin embargo, justo cuando pensé que estaba fuera de peligro, escuché a un estudiante decir tres palabras aterradoras: «Vamos a aquel». Estaba señalando algo que parecía tan alto como el sol. Los adolescentes gritaron de emoción, mientras que los latidos de mi corazón comenzaban a acelerarse y las palmas de las manos empezaban a sudarme. Mientras miraba, un grupo de personas que estaban subidas en la montaña rusa pasaron cerca de nosotros con los pies colgando y saltando en cada vuelta.

Mi esposa me sonrió como diciendo: *¡Ja, ja, ja!* Ella sabía que no tenía forma de librarme de eso. «Está bien», le dije. «¡Vamos a hacerlo!».

Los siguientes veinte minutos en la cola fueron los veinte minutos más largos de mi vida. El temor se había apoderado de mí. Las rodillas me temblaban y la Coca-Cola que tomaba cada vez que nos deteníamos no me ayudaba. (Bebía por el estrés. No me juzgues). El eco del sonido estruendoso de la montaña rusa se escuchaba en todo el parque y los gritos de los adultos hacían que me dolieran los oídos.

Por fin, llegamos al frente. Cuando las personas que montaron antes que nosotros salieron de sus asientos, sentí como si el mundo se detuviera delante de mí. Solo era yo y aquel estúpido juego, uno frente al otro. Imagínate a los israelitas temblando mientras Goliat los amenazaba desde el otro lado del valle. (Yo no era Goliat). Tuve que reunir cada pizca de valor que tenía para dar un paso adelante y sentarme en esa trampa de muerte.

Tan tonto como quizá parezca, oré a Dios para que me guardara. Había escuchado historias locas acerca de montañas rusas que se descarrilan y no quería convertirme en una de esas raras estadísticas. Entonces, si iba a morir en esa montaña rusa, al menos sabía dónde terminaría. Así que eso me reconfortó un poco. Las situaciones desesperadas exigen medidas desesperadas, amigos. Estaba conquistando uno de mis mayores temores. Y lo que sea que estemos afrontando, sin importar cuán tonto parezca el temor que sentimos, el amor de Dios nos reconforta en nuestro momento de necesidad. Puesto que la realidad es que a veces la vida se parece mucho a una montaña rusa.

Arrancamos a la velocidad de lo que parecía un pequeño cohete, hicimos un brusco giro a la izquierda y nos dirigimos hacia una curva. Me aseguré tan bien como pude y traté de respirar profundo para no morir. Cuando llegamos a la segunda curva y comenzamos a volar por el parque temático, algo dentro de mí cambió. Poco a poco, mis gritos de temor se convirtieron en gritos de emoción. Cuando llegamos al punto más alto del recorrido, podía ver kilómetros y kilómetros a la redonda. La vista era hermosa. Y no la hubiera podido ver si hubiera permitido que mis temores me vencieran. Todos esos años le había temido a las montañas rusas, pero lo cierto es que nunca había aprovechado la oportunidad de subirme a una.

Creo que nuestros temores y las montañas rusas tienen mucho en común, sobre todo cuando el amor de Dios entra a formar parte. Lo que comienza con altibajos e incertidumbre, de inmediato se convierte en emoción, alegría y felicidad. ¿Por qué? Porque cuando avanzamos en fe, desaparece el temor. Tener la valentía para afrontar el temor nos ayuda a conquistarlo. Cuando el amor perfecto de Dios es parte de nuestras vidas, el temor no tiene lugar y podemos disfrutar la hermosa vista. La Biblia no dice que el temor no existirá, pero afirma que no tiene el poder para decirnos cómo debemos vivir. El temor no es rival para el amor perfecto de Dios. El temor no es rival para Dios.

El perfecto amor

¿Qué te impide ser valiente? ¿Qué te impide ir tras tus sueños y convertirte en la persona que Dios te llamó a ser?

Mis dudas e inseguridades me distraen a cada momento de la verdad que Dios me da. Sin embargo, una y otra vez me acuerdo de que la Biblia dice que el perfecto amor echa fuera el temor: el temor a lo desconocido y el temor al futuro. A medida que aprendemos a aceptar el amor de Dios, adquirimos el valor para levantarnos en fe y continuar en el maravilloso viaje de la vida cristiana. Esto puede ser más fácil decirlo que hacerlo. Aun así, creo que todos, con práctica y experiencia, podemos llegar a darnos cuenta de que levantarnos en fe para hacer la voluntad de Dios siempre nos acercará más a Él... y también nos acercará más a la conquista de nuestros temores.

Quizá le temas a las relaciones, al fracaso, las opiniones de otros, a iniciar tu propia compañía, casarte, tener hijos, viajar al otro lado del mundo. Tal vez le temas a algo que no parece razonable, tal como las alturas, las arañas o la oscuridad. A lo mejor pasaste por algo traumático y un temor paralizante domina tu vida. Nuestros temores abarcan un vasto espectro, van desde tontos a serios, desde moderados a severos, desde temporales a permanentes.

Es una buena noticia que no tenemos que permitir que el temor controle la forma en que vivimos la vida.

Sí, leíste bien. Tu temor no tiene que definirte. No tiene que ser permanente. No tiene que controlarte. Ni siquiera tiene el derecho de existir en tu vida cuando Jesús está allí contigo. Ahora bien, no estoy diciendo que tengo todo en mi vida bajo control, créeme, todavía estoy lidiando con mis temores, así como tú. El temor de lo que otros piensan acerca de mí, el temor de fracasar, el temor de no ser lo bastante bueno. Aun así, durante todos y cada uno de los momentos que paso con Dios, desaparece una pequeña parte de esos temores.

En 1 Juan 4:17-18, aprendemos que «en el amor no hay temor, sino que el amor perfecto echa fuera el temor. El que teme espera el castigo, así que no ha sido perfeccionado en el amor» (NVI®). Podemos conquistar todas las cosas con el amor de Dios. ¿Cómo sabemos esto? Porque las hermosas palabras de las Escrituras nos declaran que es cierto. Así de simple. Cuando avanzamos en la vida en el poder del amor de Dios, la incomodidad, el temor y la oposición se enfrentarán con el poder y el favor de Dios. Este amor es un gran conquistador y luchará por ti.

Él ya estuvo allí

El temor puede paralizar incluso a la persona más fuerte y valiente. El temor hace que a veces dudes de ti mismo y de las oportunidades que pueden presentarse en tu camino, que te sientas inseguro de tus capacidades y que guardes silencio cuando deberías hablar. Todos lidiamos con el temor, pero la forma en que le respondemos puede cambiar de manera drástica cómo nos afecta.

Alexander Maclaren dijo lo siguiente acerca del temor del que escribió Juan en 1 Juan 4:18:

> Juan habló del valor y, como es natural, esto sugiere lo contrario: el temor [...] El perfecto amor produce valentía en el día del juicio, porque produce semejanza con Cristo, quien es el Juez. En mi texto explico y argumento esta declaración. Sin embargo, hay otra forma en la que el amor produce valentía y es echando fuera nuestro temor. Esos dos se excluyen el uno al otro. La

entrada de uno es una notificación para el otro de que debe salir. No podemos amar y temer a una persona a la vez y, donde llega el amor, la oscuridad se desvanece; y donde llega el Amor trae consigo de la mano al Valor con su cara radiante. Entonces, el valor es el compañero del amor solo cuando este es perfecto. Dada la incoherencia de ambas emociones, el amor, en sus primeras etapas y grados inferiores, a menudo se ve perturbado y destruido por la aprehensión y el temor.

Ahora, Juan habla de las dos emociones en sí mismas, independientemente de su lenguaje, en lo que concierne a los propósitos a los que están dirigidas. Lo que está diciendo es cierto acerca del amor y del temor, cualquiera que sea la persona o cosa que se ame o tema. No obstante, el contexto sugiere la aplicación en su mente, ya que ha estado hablando acerca de «estar ante Dios con confianza»; y así es que en mi texto me refiero al amor y al temor que se le dirigen a Dios. La experiencia de una multitud de cristianos profesantes es solo un comentario demasiado fuerte acerca de la posibilidad de que un Amor parcial se aloje en el corazón al lado de un compañero de habitación, el Temor, a quien debería haber expulsado[6].

Una y otra vez en la Biblia, vemos personas que afrontan el temor que quiere impedirles que vayan tras el llamado de Dios: Josué en la batalla contra los amorreos (lee Josué 10:12), Moisés mirando el mar Rojo (lee Éxodo 14:21), y Noé cuando se le dijo que construyera el arca (lee Génesis 5—10). Estas personas pudieron haber permitido que el temor las venciera, pero su amor por Dios las impulsó a confiar. Y Dios, a cambio, las cuidó mientras afrontaban su temor. El sol se detuvo; las aguas se dividieron; la familia de Noé se salvó. Dios estaba allí, guiándolos a cada paso del camino, incluso si los pasos no se veían con claridad en ese momento. Tenemos miedo porque somos humanos, pero decidimos confiar en el amor de Dios porque somos sus hijos.

Debemos entender que el apoyo y la ayuda de Dios en medio del temor todavía están disponibles y son verdaderos en la actualidad. Dios no solo te está mirando o está parado a tu lado en este viaje llamado vida; Él va a la vanguardia.

«No temas ni te desalientes», nos dice Deuteronomio 31:8, «porque el propio Señor irá delante de ti. Él estará contigo; no te fallará ni te abandonará». Esta poderosa verdad es a la vez reconfortante y tranquilizadora: Dios irá delante de nosotros, Dios estará con nosotros, Dios no nos abandonará. No tenemos que preocuparnos por el presente ni por el futuro debido a que Dios, que no está atado al tiempo, ya estuvo en el lugar al que nos dirigimos. Él es todopoderoso, omnisciente y perdonador. Dios sabe lo que sucederá en nuestras vidas y podemos descansar en su amor en tiempos de problemas y temor.

Cuando ponemos nuestras vidas en las manos de Dios, podemos descansar, sabiendo que Él tiene todo bajo control. Ahora bien, esto no significa que el temor estará ausente de nuestros pensamientos ni que ya no se nos permite tener miedo. Significa más bien que el temor ya no tiene que controlar la forma en que vivimos, soñamos, hablamos y actuamos, porque el temor está sujeto a la majestad colosal de Dios.

La historia de Sara

Cuando pienso en que el amor conquista el temor, me acuerdo de una niña llamada Sara.

Solía ser el administrador de una pequeña librería cristiana en el condado de Orange, California. La tienda era diferente a todas las demás que había visto hasta ese momento; tendía puentes entre la fe y la cultura de una forma maravillosa. Por su puerta entraban personas de toda clase de trasfondos: exconvictos, pastores, adolescentes, turistas, estudiantes universitarios, misioneros, líderes políticos, parejas de homosexuales y lesbianas, abuelos, atletas profesionales, miembros del servicio militar, drogadictos. Te sorprenderías de cuántas personas sin un trasfondo religioso entraban a la tienda, solo por curiosidad. Bueno... yo lo llamaría el Espíritu Santo.

Algunos buscaban libros, otros buscaban ropa o música. Teníamos de todo, y cada una de las cosas apuntaba a nuestra fe en Dios. Nos gustaba orar con cada cliente que entraba por la puerta y hasta llevábamos a las personas al conocimiento de Cristo si querían saber más, sin importar cuán larga estuviera la línea en la caja registradora. Esa pequeña tienda me ayudó de veras a conformar mi relación con Dios y la forma en que veo lo que significa que somos la Iglesia de Cristo. Aprendí cómo tratar a las personas, hablar con ellas y escucharlas de una forma en que nunca antes lo había hecho. Algunos de los empleados son ahora líderes de adoración, misioneros a tiempo completo y hasta pastores. La cultura de esa tienda nos ayudó a todos a entender cómo trabajar duro y exudar una vida de amor sin tener en cuenta donde termináramos.

Fue en esta pequeña tienda que conocí a Sara. Un viernes por la noche, casi a la hora de cerrar, justo cuando uno de los empleados y yo estábamos a punto de cerrar la puerta y empezar a contar el dinero, vi a una joven y a una señora que pensé que era su madre mirando hacia dentro de la tienda, muy emocionadas. Mentiría si dijera que quería que entraran. Estaba cansado y listo para ir a casa a pasar la noche. Me alegra mucho que Dios contradijera mis expectativas.

—¡Esta tienda es asombrosa! —dijo Sara riendo—. ¡California tiene muchísimo de Jesús!

—¿En qué les puedo ayudar? —pregunté.

Ambas empezaron a contarme lo emocionadas que estaban de encontrar una tienda como esa en un centro comercial, y Sara me contó cuánto le gustaba asistir al grupo de jóvenes mientras visitaba a su tía por un mes. Un poco confundido, le pregunté a Sara de dónde era.

Comenzó a explicarme que estaba visitando a su tía en California mientras las cosas en su casa se arreglaban un poco. Cuando le pedí que me explicara más sobre ese asunto, las puertas de las aguas se abrieron. Los ojos comenzaron a hinchársele y hundió los hombros. Entonces se acercó su tía.

—Sara no ha tenido la mejor experiencia en el instituto —dijo.

La tía me explicó que la familia de Sara vivía en un pequeño pueblo de unas cuatrocientas personas en el Medio Oeste. Su familia era una de las pocas familias cristianas de su pueblo y, debido a su fe, a Sara la habían molestado en la escuela más veces de las que le gustaría admitir. Alguien pintó un gran «666» al lado de la casa de Sara; muchas veces, cuando estaba orando por su almuerzo, las chicas le pegaban chicle en el cabello; incluso, la pincharon con un lápiz en el vestuario.

Esto era solo una pequeña parte de las tormentas que había experimentado a lo largo de los años. Cuando la familia de Sara trató de resolver la situación con los profesores y las autoridades locales, recibieron una respuesta que nadie habría esperado: «Si no les gusta vivir aquí, múdense. No podemos probar que sea verdad lo que dicen. Son solo muchachos».

Mientras Sara y su tía me contaban la historia, me quedé mudo. Mis ojos se habían abierto a la dura realidad que afrontan muchas personas, incluso en Estados Unidos, debido a su fe en Jesús. Es decir, nos enteramos acerca de persecuciones en el mundo entero, pero rara vez escuchamos acerca de ataques físicos contra los cristianos en este país.

Mientras escuchaba la historia de Sara, una parte de mí estaba triste y otra enojada. No quería otra cosa que recoger mi mochila e irme a enseñarles una lección a esos muchachos del instituto, aunque es probable que esa no fuera la más inteligente de las decisiones. *Tal vez podrías mudarte con tu tía y vivir aquí en California.* Sin embargo, cuando les sugerí esto a Sara y a su tía, ambas negaron con la cabeza. Desde ese entonces he guardado la respuesta de Sara en mi corazón. Se secó las lágrimas, me miró con un aire de seguridad y dijo:

—No puedo irme porque creo que Dios me tiene allí para cambiar a mi pueblo.

Silencio.

No podía creer las palabras que acababan de salir de la boca de esa jovencita de catorce años de edad. Las dijo con gran convicción, con un valor proveniente de Dios que sobresalía en su voz. Su respuesta me tomó por sorpresa y era la última cosa que esperaba escucharle decir. Me recordó algo que escribió Eugene Peterson:

> La única oportunidad que tendrás para vivir por fe es en las circunstancias que se te brindan en este mismo día: esta casa en la que vives, esta familia en que te encuentras, este trabajo que tienes, las condiciones climáticas que prevalecen en este momento[7].

Todos los días tenemos oportunidades para vivir el amor de Dios, incluso cuando el temor quizá nos impulse a seguir otro rumbo. A veces eso solo significa quedarte donde estás y amar de manera radical a quienes te rodean. Sara tenía todas las razones para abandonar su pequeño pueblo, pero eso también le dio más de una razón para quedarse. Amar en presencia del temor a veces significa quedarse cuando es más fácil marcharse, confiando en que Cristo te mantendrá firme y seguro.

Creo que podemos aprender mucho de mi amiga Sara. A pesar de vivir en una situación en la que la mayoría de las personas temerían por su seguridad, ella continúa poniendo a Dios primero, permitiendo que su amor le dé las fuerzas y anhelando ver a su pequeño pueblo transformado por Jesús.

¿Habría tenido yo ese mismo valor si hubiera sido Sara? Amar con valentía a Dios y amar a otros a pesar del temor y la persecución es lo que de veras significa vivir para Dios. Eso es fe verdadera. Eso es lo que significa ser un discípulo consagrado de Jesús. Si los cristianos dejaran de confiar en el amor de Dios cada vez que el temor entra en el cuadro, no llegaríamos a ningún lugar. Al temor hay que afrontarlo cara a cara, todo en el nombre de Jesús. Porque el verdadero amor siempre vencerá al temor.

Capítulo 6

DIOS
y el BASURERO

Durante los últimos años de mi vida, he pasado bastante tiempo fuera del país dando conferencias, auspiciando eventos y escribiendo acerca de mis experiencias con diferentes organizaciones. Sin embargo, un reciente viaje a Nicaragua cambió por completo mi perspectiva acerca de lo que significa que el amor de Dios trascienda las circunstancias de nuestras vidas.

Cuando una organización sin fines de lucro aquí en Estados Unidos me invitó a un viaje a Nicaragua, en seguida organicé mi horario y me preparé para la aventura que sabía que me esperaba. Siempre me ha gustado visitar sitios nuevos, y mi esposa y yo nos propusimos nunca rechazar experiencias en lugares nuevos, sin importar de cuán inadecuados nos podamos sentir. En este viaje a Nicaragua pasaría casi dos semanas visitando orfanatos, trabajando en proyectos de servicio y aprendiendo más acerca de las necesidades de ese país.

Después de aterrizar, las doce personas que formábamos el grupo pasamos por la aduana, reunimos nuestras cosas y nos dirigimos hacia unas pequeñas furgonetas que nos esperaban. Procedíamos de toda clase de trasfondos: pastores, autores, blogueros, supervisores de conferencias y hasta dueños de negocios. Y todos teníamos algo en común: un corazón sensible a las personas en necesidad y un profundo amor por Dios.

Después que nos dejaron en nuestro hotel, todos nos sentamos a cenar, una comida tradicional nicaragüense de algún tipo de carne y frijoles maravillosos, y Coca-Cola en botellas de vidrio. Nos enteramos con quién compartiríamos habitaciones y empezamos a conocernos mientras nos reíamos, bromeábamos y charlábamos sobre nuestros ministerios y nuestras vidas en Estados Unidos. Era una hermosa experiencia de comunión que parecía que nadie quería que terminara. Entonces, mientras estábamos cómodamente sentados en nuestras sillas y con nuestras barrigas llenas con lo mejor de la cocina nicaragüense, se nos advirtió que el día siguiente no sería fácil. No habría una entrada fácil al quebrantamiento que existía en ese país, y sería una experiencia que nunca olvidaríamos.

Llamé a mi esposa, Juli, para saber cómo estaba la familia, le conté acerca de todo lo sucedido desde nuestra llegada y de las personas a las que había conocido, y le pedí que orara por nuestro equipo. Cuando viajo fuera del país, casi nunca cambio el plan de mi teléfono para seguir conectado, sino que uso la comunicación y la conectividad vía Wi-Fi. Hay algo hermoso en desconectarse y encontrar la libertad para experimentar lo que Dios ha planificado. Cuando no tengo el lujo de publicar, textear o enviar correos electrónicos, me veo obligado a mantener mi corazón enfocado en lo que tengo delante.

Juli oró por mí a través del teléfono, y casi al mismo tiempo, la esposa de mi compañero de cuarto hizo lo mismo por él. Todavía recuerdo lo extraño y hermoso que fue ese momento. Juli oró por seguridad, por valentía, y para que Dios me usara como lo considerara conveniente. Oró para que mi corazón no se preocupara por nada, que confiara en Dios por lo que Él planeó para mí y que regresara a casa con más comprensión y conocimiento que nunca antes. Fue una oración poderosa y audaz.

Después de colgar, pasé un rato conversando con mi compañero de cuarto, Matt, luego oré y leí un poco la Biblia antes de acostarme. Me sentía como si Dios tuviera algo grande que quería mostrarme a la mañana siguiente, como si me estuviera diciendo que algo extraordinario estaba a punto de suceder. Sentía que Dios iba a superar mis expectativas. Esa noche fui a dormir con mi corazón dispuesto a aprender.

A la mañana siguiente, estaba lleno de entusiasmo y dudas mientras me preguntaba cómo sería el día. Después que nos reunimos todos en el vestíbulo del hotel, nos repartieron horarios que nos permitirían cumplir el programa, así como números de teléfono en caso de que alguno se desconectara del grupo. (Estoy bastante seguro de que esos números eran en específico para mí. Tiendo a deambular). Mi amigo Brad nos dio la bienvenida, agradeciéndonos por ser parte del viaje, y explicándonos cuánto lo entusiasmaba que viéramos el increíble trabajo que llevaba a cabo la organización. Nos reunimos más cerca y oramos para que Dios obrara en formas milagrosas, que nuestros corazones se abrieran y que nuestro tiempo en Nicaragua no fuera en vano. Terminamos con un fuerte «Amén» y nos dirigimos hacia el convoy de autobuses.

A medida que el autobús en el que yo iba avanzaba por las calles llenas de baches, miraba por la ventanilla y trataba de asimilar tanto como me fuera posible. Me esforcé por fijarme en los rostros de las personas que dejábamos atrás, en los restaurantes que parecía que se iban a derrumbar y en el ganado que vagaba por las calles temprano en la mañana. Tomé fotos para poder captar los momentos que sabía que ya estaban impactando mi vida. Mientras más avanzábamos, peor se ponían los alrededores. Si bien Nicaragua es un país hermoso, era evidente que esas zonas por las que viajábamos tenían una gran necesidad.

En un lugar parecía como si una bomba hubiera explotado y las personas vivieran bajo los escombros. Familias completas se paraban a la entrada de las puertas improvisadas para saludarnos cuando pasábamos. La situación en la que estaban estas personas puso muchas cosas en perspectiva en mi vida. Pensé en cosas en las que nunca había considerado hasta ese momento. Y pensar que solo algunos días atrás me quejaba por la velocidad de mi internet o porque mi café sabía un poco a quemado. Incluso antes de llegar a nuestro primer destino, ya estaba llorando. De inmediato, me sequé los ojos, miré a mi amigo Brad y le dije: «Gracias por invitarme a este viaje». Brad no tuvo que decir nada. Sabía lo que yo estaba sintiendo. Me sonrió y me dio unas palmadas en la espalda como si dijera: «Por nada».

Antes de que tuviera tiempo de componerme, el olor a humo y a basura podrida comenzó a traspasar el sistema de ventilación del autobús. Me sentía confundido. Estábamos en una carretera improvisada *en medio de un basurero*. Basura,

basura y más basura hasta donde alcanzaba la vista. Llegamos a un lugar del que solo había oído hablar: La Chureca, el vertedero al aire libre más grande de Centroamérica.

Mientras intentaba taparme la nariz con rapidez, me fijé en algo que se movía entre la basura. Supuse que era un perro callejero o tal vez un pájaro, pero estaba equivocado.

Una, luego dos y después tres niñas saltaron del montón de basura, sosteniendo pequeñas tenazas y usando lo que parecían ser máscaras caseras para soportar el mal olor y filtrar el humo. Nuestros guías explicaron que los niños revisaban la basura en busca de comida y de objetos pequeños que pudieran vender. Las tenazas las ayudaban a escarbar los escombros sin tener que usar las manos y así evitar cortarse con objetos filosos. Todas las niñas tenían madera en las suelas de los zapatos para impedir que los clavos atravesaran la goma. *Esto no puede ser real*, pensé. Me sentí destrozado cuando me di cuenta de lo que estas niñas tenían que atravesar todos los días de su vida.

Entonces, noté algo que nunca olvidaré.

Estaban sonriendo. Alegría genuina. Agradecimiento. Felicidad.

Cuando salimos del autobús, casi cien personas salieron de las pilas de basura que nos rodeaban y se acercaron. A medida que nos saludaban y comenzaban a hacer la fila, supimos por qué estábamos allí: íbamos a alimentar a esos hombres, mujeres y niños que tenían que escarbar en las pilas de aquel basurero como una forma de su provisión.

Me dijeron que podía separarme del grupo y pasar un rato caminando con tres niños mientras escarbaban y sacaban objetos específicos de la basura: ropa, artículos electrónicos, pedazos de metal, cualquier cosa que pudiera venderse para ayudar a proveer para sus familias. Estos niños buscaban cosas que yo boto. Los artículos que consideraba que ya no eran útiles eran sus medios de provisión.

Una pequeña niña tenía ojos grandes y una sonrisa capaz de iluminar cualquier habitación. Sintiendo el calor del sol que nos golpeaba, me quité el pañuelo y se lo puse en la cabeza para que no se quemara. Ella asintió como dándome las gracias. Me arrodillé y le pregunté:

—¿Cómo te llamas?

Hizo una pausa por un segundo y soltó una risita con sus amigas, después me sonrió de oreja a oreja y me dijo:

—Me llamo Julie. ¿Y tú?

¿De veras, Señor? ¿Su nombre es Julie? No pude contener las lágrimas.

—Me llamo Jarrid —le respondí a esta hermosa niña llena de alegría que tenía el mismo nombre de mi esposa.

Es probable que las personas que me rodeaban pensaran que estaba loco, pero ya estaba muy abrumado... ¿y ahora esto? No podía contener la emoción. Cuando la niña señaló el lamentablemente enorme tatuaje de una cruz en mi pecho y de luego ponerse las manos sobre su corazón, sonrió y dijo: «¡Jesús!», tuve que reírme. Sentí como si Dios me estuviera hablando de una manera intensa y profunda, justo allí en un basurero en el corazón de Nicaragua.

Regresé a la fila de las familias que esperaban para llevar sus bolsas de arroz y frijoles, y le pregunté a uno de los traductores cuántas de esas personas conocían acerca de Dios o tenían alguna clase de creencia religiosa. Me respondió que incluso muchas de ellas formaban parte de pequeñas iglesias locales de la zona y que más tarde visitaríamos una cuando fuéramos al orfanato y a la escuela. Me dijo que hasta algunos de los hombres se ofrecieron como voluntarios para ejercer funciones pastorales.

De repente, todo cobró sentido. Las personas a mi alrededor no tenían nada en términos de riqueza o éxito, nada de lo que solemos utilizar para explicar el aroma de gozo y esperanza que los rodeaba. Y sí, yo solo veía una pequeña parte de sus experiencias... un vistazo de las duras realidades que afrontaban, la lucha por sobrevivir. Sin embargo, incluso ese vistazo, incluso la más breve sensación del gozo en que vivían a pesar de sus circunstancias, me recordó cuál debería ser siempre la verdadera fuente de nuestro gozo: el amor de Dios. Al aceptar y vivir en su amor, un espíritu de satisfacción nos conduce a un lugar de paz, sin importar a qué nos enfrentemos.

Esas personas no tenían nada. Aun así, lo tenían todo en realidad, al igual que tú y yo, con o sin éxito en las cosas materiales. En el amor de Dios, tenemos todo lo que necesitamos. Desearía que mi gozo por Cristo en cada circunstancia fuera más como el de Julie. Más tarde ese día, mientras la veía adorando a Dios con manos alzadas y con gran alegría, pude darme cuenta de su sentido de satisfacción y seguridad al saber que era su hija.

¿Cómo sería nuestra vida si encontráramos nuestro propósito en el amor de Dios y no en las cosas materiales ni en las circunstancias? ¡Qué vida tendríamos de veras! ¡Qué contentamiento encontraríamos de veras! Muy a menudo buscamos el amor de Dios porque pensamos que Él a cambio nos regalará la vida que queremos, pero la realidad es que el amor de Dios es el regalo. Ese es el premio. Su amor es todo lo que desean nuestro corazón y nuestra alma. Él es lo que necesitamos para soportar las tormentas de la vida. El amor de Dios trasciende las circunstancias.

En los Estados Unidos tendemos a olvidarlo. Buscamos el valor y la identidad en todos los lugares equivocados: cuántos seguidores tenemos en los medios de comunicación, qué clase de autos tenemos, de qué tamaño son nuestras casas. Así que muchos nos quejamos por lo que no tenemos, pero casi siempre nuestras vidas son bastante cómodas. Es más, millones de personas en el mundo oran por cosas que nosotros damos por sentado: comida, refugio, atención médica, necesidades básicas de la vida. Muchos tenemos habitaciones para que ocupen nuestros autos, mientras que otros alrededor del mundo buscan un refugio confiable. En lo material, podemos estar mejor, ¿pero lo estamos en realidad? La comodidad hace que sea más fácil confiar en nuestras posesiones y circunstancias en vez de descansar en el amor de Dios. Tal vez por eso Jesús dijera en Mateo: «Dios bendice a los que son pobres en espíritu [...] porque el reino del cielo les pertenece» (5:3).

Encontrar el contentamiento y el valor en el amor de Dios es una lucha y una elección de todos los días. Sin embargo, aun cuando ese fundamento se estremezca, Dios siempre está allí, esperando que nos volvamos a Él. A las personas que no tienen nada, o que sufren persecución o que luchan con enfermedades crónicas, a veces les resulta más fácil descansar en el amor de Dios, porque es más sencillo descansar en su amor cuando nos quitaron todo lo demás. Cuando no tenemos nada más a lo cual aferrarnos, el evangelio de Jesús transforma la manera en que vemos la vida. En este lugar, aprendemos de veras lo que significa depender de Dios para todo en la vida.

Cada. Pequeña. Cosa.

Ya sea que te entreguen comidas calientes en tu casa o tengas que hurgar en un basurero en busca de migajas, el amor de Dios es la única cosa que puede traer gozo, paz y satisfacción a tu vida. Elisabeth Elliot lo dijo de esta manera:

> ¿Dónde yace tu seguridad? ¿Es Dios tu refugio, tu escondedero, tu fortaleza, tu pastor, tu consejero, tu amigo, tu redentor, tu salvador, tu guía? Si es así, no necesitas buscar más por seguridad[8].

Capítulo 7

INMUTABLE

Sin importar quiénes seamos ni lo que estemos afrontando, podemos encontrar descanso y seguridad inmutables en el amor de Dios. ¡Encontramos pruebas de esto a lo largo de toda la Escritura! Mira el ejemplo de Pablo y Silas. Su fe en medio de las pruebas nos muestra los resultados de poner nuestra confianza y esperanza en quién es Dios, no en quiénes somos nosotros, ni en lo que tenemos, ni en lo que hemos hecho.

En Hechos 16:16-35, leemos que a Pablo y a Silas los metieron en la cárcel por sanar a una joven endemoniada.

> Cierto día, cuando íbamos al lugar de oración, nos encontramos con una joven esclava que tenía un espíritu que le permitía adivinar el futuro. Por medio de la adivinación, ganaba mucho dinero para sus amos. Ella seguía a Pablo y también al resto de nosotros, gritando: «Estos hombres son siervos del Dios Altísimo y han venido para decirles cómo ser salvos».
>
> Esto mismo sucedió día tras día hasta que Pablo se exasperó de tal manera que se dio la vuelta y le dijo al demonio que estaba dentro de la joven: «Te ordeno, en el nombre de Jesucristo,

que salgas de ella». Y al instante el demonio la dejó.

Las esperanzas de sus amos de hacerse ricos ahora quedaron destruidas, así que agarraron a Pablo y a Silas y los arrastraron hasta la plaza del mercado ante las autoridades. «¡Toda la ciudad está alborotada a causa de estos judíos! —les gritaron a los funcionarios de la ciudad—. Enseñan costumbres que nosotros, los romanos, no podemos practicar porque son ilegales».

Enseguida se formó una turba contra Pablo y Silas, y los funcionarios de la ciudad ordenaron que les quitaran la ropa y los golpearan con varas de madera. Los golpearon severamente y después los metieron en la cárcel. Le ordenaron al carcelero que se asegurara de que no escaparan. Así que el carcelero los puso en el calabozo de más adentro y les sujetó los pies en el cepo.

HECHOS 16:16-24

La posesión demoníaca había hecho que la joven les produjera ganancias a sus amos, así que cuando Pablo expulsó el demonio, sus amos no estaban contentos, por decir lo menos. Arrastraron a los dos hombres hasta la plaza para que le hicieran frente a las autoridades, alegando que Pablo y Silas violaban la ley. Los despojaron de sus ropas, los golpearon, los azotaron y los echaron al calabozo de más adentro y les sujetaron los pies en el cepo.

En medio de esa experiencia horrorosa sucedió algo asombroso: Pablo y Silas comenzaron a alabar a Dios desde las profundidades de la celda donde estaban prisioneros. Podían haberse quejado cuando sus circunstancias se volvieron insoportables. Sin embargo, en vez de eso, se volvieron al único que es constante sin importar nuestras circunstancias. O bien era una completa locura... o era el abundante amor de Dios el que habitaba en sus corazones.

> Alrededor de la medianoche, Pablo y Silas
> estaban orando y cantando himnos a Dios, y los
> demás prisioneros escuchaban.
> HECHOS 16:25

Nota que Dios no impidió que los arrestaran, no impidió que los golpearan, no impidió que los metieran en la cárcel solo por ser sus seguidores. Cuando nos encontramos en medio de las tormentas, Dios no nos promete que nos sacará de ellas. En su lugar, nos promete que nos fortalecerá para atravesarlas.

De modo que Pablo y Silas adoraron y alabaron sin ninguna expectativa de que Dios los sacaría de esa celda.

No obstante, Dios hizo justo eso.

> De repente, hubo un gran terremoto y la cárcel
> se sacudió hasta sus cimientos. Al instante,
> todas las puertas se abrieron de golpe, ¡y a todos
> los prisioneros se les cayeron las cadenas! El
> carcelero se despertó y vio las puertas abiertas de

par en par. Dio por sentado que los prisioneros se habían escapado, por lo que sacó su espada para matarse; pero Pablo le gritó: «¡Detente! ¡No te mates! ¡Estamos todos aquí!».

El carcelero pidió una luz y corrió al calabozo y cayó temblando ante Pablo y Silas. Después los sacó y les preguntó:

—Señores, ¿qué debo hacer para ser salvo?

Ellos le contestaron:

—Cree en el Señor Jesús y serás salvo, junto con todos los de tu casa.

Y le presentaron la palabra del Señor tanto a él como a todos los que vivían en su casa. Aun a esa hora de la noche, el carcelero los atendió y les lavó las heridas. Enseguida ellos lo bautizaron a él y a todos los de su casa. El carcelero los llevó adentro de su casa y les dio de comer, y tanto él como los de su casa se alegraron porque todos habían creído en Dios.

A la mañana siguiente, los funcionarios de la ciudad mandaron a la policía para que le dijera al carcelero: «¡Suelta a esos hombres!».

HECHOS 16:26-35

El Dios que permitió que los metieran en la celda de una cárcel es el mismo Dios que no permitió que los tuvieran cautivos por mucho tiempo. Envió un terremoto que no solo los liberó de sus grilletes, sino que también derrumbó los muros a su alrededor. Y el plan de Dios no terminó con su libertad. Él quiso mostrarle su amor al carcelero; es más, puede que su amor por el carcelero fuera la razón por la que a Pablo y Silas los echaran en esa celda. Este hombre, junto con toda su familia, decidió seguir a Cristo. Una total transformación de corazón... todo porque dos hombres encontraron su seguridad en el amor de Dios y no en sus propias circunstancias. Nada podría sacudir el cimiento, lo cual sacudiera los cimientos mismos de esa cárcel.

En el capítulo 3 del libro de Daniel vemos que sucedió algo similar.

El rey Nabucodonosor mandó hacer una estatua de oro, de veintisiete metros de alto por dos metros y medio de ancho, y mandó que la colocaran en los llanos de Dura, en la provincia de Babilonia. Luego les ordenó a los sátrapas, prefectos, gobernadores, consejeros, tesoreros, jueces, magistrados y demás oficiales de las provincias que asistieran a la dedicación de la estatua que había mandado erigir. Para celebrar tal dedicación, los sátrapas, prefectos, gobernadores, consejeros, tesoreros, jueces, magistrados y demás oficiales de las provincias se reunieron ante la estatua.

Entonces los heraldos proclamaron a voz en cuello: «A ustedes, pueblos, naciones y gente de toda lengua, se les ordena lo siguiente: Tan pronto como escuchen la música de trompetas, flautas, cítaras, liras, arpas, zampoñas y otros instrumentos musicales, deberán inclinarse y adorar la estatua de oro que el rey Nabucodonosor ha mandado erigir. Todo el que no se incline ante ella ni la adore será arrojado de inmediato a un horno en llamas».

Ante tal amenaza, tan pronto como se escuchó la música de todos esos instrumentos musicales, todos los pueblos y naciones, y gente de toda lengua, se inclinaron y adoraron la estatua de oro que el rey Nabucodonosor había mandado erigir.

DANIEL 3:1-7, NVI®

A tres hombres, Sadrac, Mesac y Abednego, los llevaron cautivos y los pusieron al servicio del rey Nabucodonosor, quien estaba muy ocupado con la construcción de esta estatua de oro de veintisiete metros de alto por dos metros y medio de ancho de sí mismo, a fin de que todo su pueblo se inclinara y la adorara. Y, mientras leemos, si alguien se negaba a adorarlo, le arrojarían a un horno en llamas. (Un consejo para cualquiera cuyo líder le exija adorar una estatua de oro: No escuches. Esa persona está loca).

Sadrac, Mesac y Abednego, en cambio, apoyaban la misión de Dios a pesar de ser cautivos y a pesar de estar en una situación en la que sus vidas corrían peligro.

Algunos astrólogos se presentaron ante el rey y acusaron a los judíos:

—¡Que viva Su Majestad por siempre! —exclamaron—. Usted ha emitido un decreto

ordenando que todo el que oiga la música
de trompetas, flautas, cítaras, liras, arpas,
zampoñas y otros instrumentos musicales
se incline ante la estatua de oro y la adore.
También ha ordenado que todo el que no se
incline ante la estatua ni la adore sea arrojado
a un horno en llamas. Pero hay algunos judíos,
a quienes Su Majestad ha puesto al frente de
la provincia de Babilonia, que no acatan sus
órdenes. No adoran a los dioses de Su Majestad
ni a la estatua de oro que mandó erigir. Se trata
de Sadrac, Mesac y Abednego.

DANIEL 3:8-12, NVI®

Estos tres hombres no iban a adorar a ningún dios que
no fuera el único Dios verdadero. Además, estaban decididos
a confiar en el poder de Dios en medio de una situación en
la que la mayoría de nosotros haríamos cualquier cosa para
tratar de librarnos.

Cuando Nabucodonosor se enteró que estos tres hombres
se negaban a adorar su estatua, no estaba muy contento.

Lleno de ira, Nabucodonosor los mandó llamar.
Cuando los jóvenes se presentaron ante el rey,
Nabucodonosor les dijo:
—Ustedes tres, ¿es verdad que no honran a
mis dioses ni adoran a la estatua de oro que he
mandado erigir? En cuanto escuchen la música
de los instrumentos musicales, más les vale que
se inclinen ante la estatua que he mandado hacer

y que la adoren. De lo contrario, serán lanzados de inmediato a un horno en llamas, ¡y no habrá dios capaz de librarlos de mis manos!

Sadrac, Mesac y Abednego le respondieron a Nabucodonosor:

—¡No hace falta que nos defendamos ante Su Majestad! Si se nos arroja al horno en llamas, el Dios al que servimos puede librarnos del horno y de las manos de Su Majestad. Pero, aun si nuestro Dios no lo hace así, sepa usted que no honraremos a sus dioses ni adoraremos a su estatua.

DANIEL 3:13-18, NVI®

Supongo que Nabucodonosor esperaba que cambiaran de opinión después de amenazarlos un poco, pero de seguro que eso no fue lo que sucedió. Es probable que los tres hombres supieran que las consecuencias de su negación no serían agradables, pero siguieron confiando en que seguir al Dios que los amaba valía la pena sin importar lo que pasara.

Me quedo maravillado ante la valentía y la fidelidad de estos hombres. Estaban tan llenos y seguros del amor de Dios que estaban dispuestos a arriesgarlo todo. No vacilaron ante la situación. Creían que seguir a Dios era mucho más importante que la aprobación de los hombres. Eso es lo que de veras permite que el amor de Dios penetre en tu vida. Puedes vivir con la certeza, la seguridad y la confianza de que, sin tener en cuenta tus circunstancias, escoger seguir a Dios es siempre la opción adecuada.

Como era de esperar, Nabucodonosor no estaba feliz en lo particular con la respuesta que recibió de los tres hombres.

Hizo lo que prometió: Echó a Sadrac, Mesac y Abednego en
el horno en llamas.

> Ante la respuesta de Sadrac, Mesac y
> Abednego, Nabucodonosor se puso muy
> furioso y cambió su actitud hacia ellos.
> Mandó entonces que se calentara el horno
> siete veces más de lo normal, y que algunos de
> los soldados más fuertes de su ejército ataran
> a los tres jóvenes y los arrojaran al horno en
> llamas. Fue así como los arrojaron al horno
> con sus mantos, sandalias, turbantes y todo,
> es decir, tal y como estaban vestidos. Tan
> inmediata fue la orden del rey, y tan caliente
> estaba el horno, que las llamas alcanzaron y
> mataron a los soldados que arrojaron a Sadrac,
> Mesac y Abednego, los cuales, atados de pies y
> manos, cayeron dentro del horno en llamas.
> DANIEL 3:19-23, NVI®

Ahora bien, muchos de nosotros conocemos esta historia. Sin embargo, cuando la leí otra vez, la vi de una nueva
manera... a través de los lentes del amor de Dios.

El amor de Dios por los hombres no impidió que los
lanzaran al fuego. Al igual que con Pablo y Silas, y al igual que
con nuestras propias vidas, el hecho de que Dios nos ame no
va a impedir que atravesemos circunstancias imposibles. En su
lugar, el amor significa que podemos entrar a esas situaciones
con la confianza de que somos amados, con la confianza de
que nuestro cimiento está seguro. Puede que Dios no impida

que experimentemos el quebranto en nuestras vidas, pero su amor ofrece una vía para una profunda y sorprendente sanidad.

Por supuesto, así como Dios intervino de manera poderosa con Pablo y Silas, se presentó y salvó a Sadrac, Mesac y Abednego. Y cuando los tres hombres salieron intactos del horno en llamas, protegidos por el poder de Dios, ni siquiera olían a humo.

> En ese momento Nabucodonosor se puso de pie, y sorprendido les preguntó a sus consejeros:
> —¿Acaso no eran tres los hombres que atamos y arrojamos al fuego?
> —Así es, Su Majestad —le respondieron.
> —¡Pues miren! —exclamó—. Allí en el fuego veo a cuatro hombres, sin ataduras y sin daño alguno, ¡y el cuarto tiene la apariencia de un dios!
> Dicho esto, Nabucodonosor se acercó a la puerta del horno en llamas y gritó:
> —Sadrac, Mesac y Abednego, siervos del Dios Altísimo, ¡salgan de allí, y vengan acá!
> Cuando los tres jóvenes salieron del horno, los sátrapas, prefectos, gobernadores y consejeros reales se arremolinaron en torno a ellos y vieron que el fuego no les había causado ningún daño, y que ni uno solo de sus cabellos se había chamuscado; es más, su ropa no estaba quemada ¡y ni siquiera olía a humo!
> DANIEL 3:24-27, NVI®

Una vez más, el amor de Dios va más allá de salvarnos de nuestras circunstancias presentes. Su objetivo siempre es hablarnos de ese amor a nosotros y a los otros que no lo conocen. Nabucodonosor fue testigo del poder de Dios. No le quedó otra opción que reconocer el increíble poder de este Dios de Sadrac, Mesac y Abednego.

> Entonces exclamó Nabucodonosor: «¡Alabado sea el Dios de estos jóvenes, que envió a su ángel y los salvó! Ellos confiaron en él y, desafiando la orden real, optaron por la muerte antes que honrar o adorar a otro dios que no fuera el suyo. Por tanto, yo decreto que se descuartice a cualquiera que hable en contra del Dios de Sadrac, Mesac y Abednego, y que su casa sea reducida a cenizas, sin importar la nación a que pertenezca o la lengua que hable. ¡No hay otro dios que pueda salvar de esta manera!».
> DANIEL 3:28-29, NVI®

Esas historias de Dios obrando a favor de aquellos que ama, incluso y de manera especial en medio de circunstancias duras e imposibles, me recuerda Isaías 43:2:

> Cuando pases por aguas profundas,
>   yo estaré contigo.
> Cuando pases por ríos de dificultad,
>   no te ahogarás.
> Cuando pases por el fuego de la opresión,
>   no te quemarás;
>   las llamas no te consumirán.

Dios no siempre nos salva del daño físico. Su amor no significa que nuestras circunstancias siempre cambian de la forma que deseamos. No obstante, su amor *sí* significa que Él nunca nos abandona. Significa que nunca estamos solos y que está obrando para una historia mayor de lo que podamos imaginar. Confiando en que el amor es el único camino hacia la verdadera paz en la vida.

Cuando confiamos en Dios, su amor y sus promesas, cuando dejamos que el amor de Dios alimente nuestras almas, Él nos ayudará a través de lo que sea que estemos pasando. Solo sigue cantando. Solo sigue alabando a Dios. Solo sigue viviendo en su amor. No permitas que el mundo te atraiga con todos esos supuestos logros que tiene para ofrecer. Ninguno puede resistir la prueba del tiempo ni soportar todo lo que la vida tiene para ofrecer.

Todos buscamos demasiadas fuentes de contentamiento pero nada excepto el amor de Dios soportará la fuerza de los vientos y las olas de la vida cuando choquen contra nosotros y nos quieran derribar. El amor de Dios es más profundo y satisfactorio que cualquier otra cosa que podamos imaginar. Es el oxígeno que nos mantiene vivos, la raíz que nos mantiene firmes y nuestro cimiento inconmovible.

La historia de las dos casas

Cuando tenía unos dieciséis años, se precipitó una enorme tormenta en el golfo de México. Es raro que la costa oeste, donde yo vivía, experimente este tipo de fenómenos tan peligrosos, de modo que mi familia y yo estábamos intrigados por lo que sucedía. La tormenta tenía a todo el mundo asustado y corriendo lejos de la costa en busca de protección, mientras el resto del país observaba con horror y oraba por la seguridad de las personas afectadas. Mi familia se reunió frente al televisor y vio cómo el huracán arreciaba con fuerza, mientras las personas de la costa del golfo buscaban refugio donde podían.

Los vientos eran demasiado fuertes como para que los helicópteros pudieran despegar, de modo que los valientes reporteros arriesgaban sus vidas en tierra a fin de transmitir la locura de esa tormenta.

Debido a que estábamos en el sur de California, en realidad no teníamos nada de qué temer, pero nos preocupaban las personas que se quedaron en el lugar de la tormenta y que todavía tenían que salir para estar seguras. En la costa del golfo las personas viven en casas de todas las formas y tamaños: altas y bajas, anchas y estrechas, mansiones y chozas. Algunas personas han vivido allí en las mismas casas durante décadas, mientras otras han demolido las casas viejas para construir nuevas en los lugares donde siempre soñaron vivir. Sin embargo, a las tormentas no les importa el tipo de casa en que vives. Solo tienen un trabajo: ser tormentas.

Nuestra familia veía cómo las olas eran cada vez mayores, los vientos cada vez más fuertes y los escombros que lanzaba la tormenta de un lado a otro eran cada vez más numerosos. Podíamos percibir el temor en la voz del reportero mientras la cámara enfocaba un par de casas. Una parecía ser una hermosa casa recién construida, de esas que tienen seis dormitorios, una hermosa piscina, un balcón y, quizá, una habitación para ver películas. La otra casa parecía sacada de una vieja película de surfistas, una choza que de seguro se construyó décadas antes. Ambas estaban a merced de las olas enfurecidas.

«¡Las olas son cada vez más altas!», decía el reportero mientras buscaba refugio en un garaje. «Espero que los dueños de esas casas hayan evacuado». Entonces, en ese momento, la cámara captó una ola, luego otra y otra, estrellándose sobre las casas. Al final, una enorme ola cubrió cada centímetro de ambas casas. Podrías haber escuchado caer un alfiler en la sala de mi casa. Oramos para que nadie se hubiera quedado atrapado dentro de esas casas.

Cuando el agua comenzó a descender, vimos algo que nadie esperaba. La casa recién construida estaba destruida, irreconocible, convertida en escombros, mientras que la pequeña choza seguía en pie y fuerte. Era justo lo contrario de lo que cualquiera se habría imaginado. Entonces, el reportero dijo algo que jamás olvidaré. Miró a la cámara asombrado y dijo: «¡Increíble! Ya no las hacen como solían hacerlas antes».

Su declaración me conmocionó. Recordé las palabras de Jesús en Mateo 7:24-27 (LBLA):

> Cualquiera que oye estas palabras mías y las pone en práctica, será semejante a un hombre sabio que edificó su casa sobre la roca; y cayó la lluvia, vinieron los torrentes, soplaron los vientos y azotaron aquella casa; pero no se cayó, porque había sido fundada sobre la roca. Y todo el que oye estas palabras mías y no las pone en práctica, será semejante a un hombre insensato que edificó su casa sobre la arena; y cayó la lluvia, vinieron los

torrentes, soplaron los vientos y azotaron aquella
casa; y cayó, y grande fue su destrucción.

De acuerdo con Jesús, tenemos la opción de construir
nuestras casas (nuestra fe) en la roca, Jesús, o de construir
nuestras casas en la arena, el mundo. Ambos son fundamen-
tos, pero solo permanecerá uno. Solo uno de los dos soportará
las tormentas que afrontamos. Solo poniendo nuestra fe en
Jesús nos acercará a Él y nos ayudará a vivir la mejor vida que
tiene para nosotros: su voluntad.

Ahora bien, no creo que la mansión en la costa se construyera en realidad sobre la arena, pero creo que la comparación
tiene sentido. Piensa en las palabras del reportero: «Ya no las
hacen como solían hacerlas antes». Muchas veces, las casas de
hoy en día no las hacen con tanta diligencia como las que se
construyeron cien, cincuenta o hasta veinticinco años atrás.
Vivimos en una cultura que desea que las cosas se hagan tan
rápido como sea posible, saltando a veces pequeños pero cru-
ciales detalles. Y aunque es probable que la pequeña choza de
playa costara una fracción de lo que costara la mansión, su
cimiento era firme, es probable que debido a una planificación
y una construcción cuidadosas. Debemos construir nuestras
vidas con Dios de esa misma manera. No puedes apurar el
verdadero amor, y construir una relación con Dios es un ma-
ratón, no una carrera de velocidad.

Me encanta la forma en que Eugene Peterson tradujo Mateo 7:24-27 en *The Message*:

Estas palabras que les digo no son detalles
menores, mejoras que el dueño de casa hace a tu

estándar de vida. Son palabras fundamentales, palabras sobre las cuales se edifica la vida. Si aplicas estas palabras a tu vida, eres como el carpintero sabio que construyó su casa sobre la roca sólida. Cayó la lluvia, creció el río, golpeó el tornado, pero nada movió esa casa. Estaba fija en la roca.

En cambio, si usas mis palabras solo en los estudios bíblicos y no las aplicas a tu vida, eres como un carpintero tonto que construyó su casa sobre la arena de la playa. Cuando llegó la tormenta y subieron las olas, colapsó como un castillo de naipes.

Cuando construimos nuestras vidas sobre el fundamento del amor de Dios, nada nos puede destruir. Estamos contentos en Él, sin importar lo que venga. No dependeremos de las personas ni de las cosas para encontrar nuestro valor o nuestra identidad. La construcción de nuestras vidas sobre ese fundamento necesita tiempo. Necesita una inversión. Se necesita cavar profundo y arraigarnos en su amor. Cuando tratamos de construir nuestra relación con Dios de manera rápida y fácil, nos perdemos la fuerza y la madurez que Él anhela desarrollar en nosotros. Y sin esa fuerza y madurez no vamos a resistir mucho tiempo cuando arremetan las olas y soplen los vientos. Elegir que nos identifique el amor de Dios significa elegir la única identidad en este mundo que resistirá la prueba del tiempo: la única identidad que nos permitirá afrontar con éxito cada circunstancia.

Capítulo 8

COMBUSTIBLE *para el* FUEGO

Desde que tengo memoria, todo nuestro clan Wilson ha hecho un viaje a Sierra Nevada una vez al año para unas vacaciones familiares. Nos olvidamos del trabajo, de la escuela y del ajetreo de la vida para disfrutar la majestad y las maravillas de la creación de Dios, conocidas también como Sierra Nevada y un lugar al que mi familia solo llama «Mamut». Es un lugar muy hermoso, lleno de lagos, ríos, arroyos, montañas cubiertas de nieve y vistas impresionantes. Hay algo en estar al aire libre que alimenta el deseo de explorar y vivir aventuras. Muchas personas afirman que estar al aire libre los acerca más que ninguna otra cosa a la presencia de Dios.

El franco abolicionista y poeta Henry David Thoreau lo dijo mejor:

> Necesitamos el tónico del estado salvaje [...]
> Al mismo tiempo que nos empeñamos en
> explorar y aprender todas las cosas, exigimos
> que todo sea misterioso e inaccesible, que por
> tiempo indefinido la tierra y el mar sean salvajes,
> inexplorados y desconocidos para nosotros,
> porque es insondable. Nunca podemos tener
> suficiente de la naturaleza.

Nuestro viaje a Mamut demoraba unas seis horas por carretera, pero cuando era pequeño, me parecía como si fuéramos al otro lado del mundo. Antes de salir a esta intrépida aventura, me aseguraba de empacar todo lo esencial: comida para picar, mi cuchillo de bolsillo, mi *Game Boy* original, baterías extras y más comida. Ya sabes, lo esencial. No obstante, sin importar lo que llevara conmigo para ayudarme a pasar el tiempo, después de dos horas de nuestra aventura me aburría y empezaba a preguntarle a mi papá constantemente: «¿Cuánto tiempo crees que falta para llegar?». Sí, yo era esa clase de niño. Sin embargo, no podía evitarlo. Solo estaba emocionado por estar de vacaciones con mi familia y por no tener escuela durante algunas semanas. Me encantaba ir a Mamut. Era la clase de viaje sobre el que mis amigos me preguntaban cuando regresaba a casa, deseando ver todas las fotos que tomé con mi cámara desechable. Todavía tengo muchas de esas fotos. Guardaré esos recuerdos para siempre.

Una vez en el sitio para acampar, que reservábamos con casi un año de antelación, se armaba el caos mientras los diferentes grupos de nuestra familia comenzaban a armar las tiendas de campaña, a descargar las caravanas y hacer que el área se sintiera como un hogar. Casi siempre mi abuelo se quedaba dormido encima de una mesa mientras nosotros trabajábamos. Oye, no porque fuera haragán, sino porque el hombre merecía descansar. Literalmente, ninguno de nosotros estaría allí sin él. Era el jefe de la tribu y había estado haciendo el mismo viaje durante más de treinta años con sus hijos. Le encantaba Mamut: el lugar donde todo en la vida era perfecto y como se suponía que debía ser. Todavía recuerdo el año cuando salió de su tienda en ropa interior para perseguir a un oso. (Dejaré a tu imaginación los detalles de esa historia). Mi abuelo era el hombre. Cuando falleció, incluso nuestra familia colocó una pequeña placa en un árbol de su lugar favorito para acampar. Allí permanece hasta el día de hoy.

Sea cual fuere lo que estuviéramos haciendo al llegar, todos estábamos emocionados por las pocas semanas que nos esperaban para relajarnos, reenfocarnos y recargarnos como familia. Esos son los momentos que recordaré por el resto de mi vida, momentos que me ayudaron a formarme y convertirme en el hombre que soy hoy. Sueño con el día en que mis hijos sean lo bastante grandes como para ir a esas montañas: explorar la naturaleza, ir de pesca, y pasar tiempo contemplando y admirando la creación de Dios, y así comprender su perfección.

Una de mis actividades favoritas de mi niñez en las montañas era encender la fogata por la noche. No es ningún secreto que todos los niños son pirómanos clandestinos. Por alguna razón, los niños y el fuego van de la mano. El fuego es cautivador, por decir lo menos, y suplica que se juegue con él, que se toque y mire hasta que alguien grite: «¡Deja de jugar con fuego! ¡Te vas a quemar, Jarrid!».

Sin embargo, no podía evitarlo. Era fuego, una de las mayores creaciones de Dios (¡casi como los dibujos animados de la mañana!). Yo tenía diez años, y comenzar a hacer la fogata para la familia era un deber de honor. Hacerlo era casi una experiencia espiritual.

Encender el fuego era un arte, y a mí me encantaba cada paso del proceso. Siempre empezaba con algunas virutas de madera, apilaba unos troncos uno encima del otro y luego le agregaba un pedazo de papel en la base para terminarlo. Me imaginaba que mi familia estaba perdida en medio de un bosque desolado, muerta de hambre y que, por alguna razón, yo era el único capaz de encender las llamas que nos brindarían comodidad. El fuego no solo calentaría a nuestra familia durante la noche, sino que también era la forma en que alumbraría nuestro campamento. Y algunas noches, hasta cocinaríamos allí nuestra comida. Era una necesidad.

Para mantener el fuego crepitante tenía que agregar a menudo más madera. Cada veinte o treinta minutos, ponía un leño y después otro y otro hasta que todos decidíamos que era hora de ir a dormir. Sin embargo, incluso entonces, algunas noches nos turnábamos para agregar leños toda la noche a fin de mantener alejados a los osos. Echábamos combustible al fuego para mantenerlo vivo.

Mantén vivo el fuego

Así como no podemos depender de leños viejos para mantener vivo el fuego, tampoco podemos depender de la fe de ayer para mantener floreciente hoy nuestra relación con Dios. Y, como le escuché a un anciano predicador decir, «nosotros no podemos vivir a expensas de la fe de nuestros padres». Mantener viva nuestra pasión por Dios es algo que decidimos hacer cada día. El amor de Dios está siempre disponible, pero si no nos esforzamos por recibir constantemente ese amor y si no acudimos en busca de más, nuestra hermosa y única relación con Dios quedará reducida a brasas y dejará de producir algo de valor. Ese no es un lugar en el que ninguno de nosotros debe querer estar, en especial porque se nos encargó la increíble tarea de proclamar el evangelio a todos los pueblos y naciones. Dios nos provee todo lo que necesitamos para mantener nuestra fe en Él viva y dinámica, pero nosotros tenemos que tomar la decisión de recibirlo y aplicarlo. Creo que todos nos sorprenderíamos de saber a cuántas personas se les ha dado la sabiduría y la dirección de Dios, pero no las utilizan.

Siempre debemos estar atentos en busca de oportunidades para alimentar las fogatas que son nuestras vidas espirituales. El amor de Dios no solo aviva nuestras vidas espirituales, sino también todo lo que hacemos para amar a otros y marcar la diferencia en el mundo por amor a Jesús. Como lo dijera el gran Juan Wesley en cierta ocasión: «Arde para Dios y los hombres vendrán para ver cómo te quemas». Y eso es justo lo que nos llamaron a hacer. Si nuestros corazones no arden en fe, no somos útiles para la causa de Cristo. Si nuestras almas no arden con el fuego del amor, no somos otra cosa que oscuridad. Y es allí donde Satanás quiere que estemos con exactitud. No podemos hacer nada con nuestro propio amor, porque en realidad no es amor. Solo a través del poder y del combustible del amor de Dios podemos distinguirnos en este mundo.

Entonces, ¿qué significa en realidad avivar el fuego de tu fe? Bueno, la mejor forma que se me ocurre de explicarlo es que tu relación con Dios debe ser como un matrimonio lleno de vida y floreciente. Tu relación con Dios es, por sí sola, la relación más importante que tienes. Debes tomarla muy en serio y no puedes darte el lujo de abandonarla. Tienes que hacer todo lo posible para asegurarte de que tu relación con Dios permanezca saludable, ardiente y apasionada. Puesto que si no es así, tu relación con Dios no será más que una estadística, solo serás otro cristiano que va por la vida sin un verdadero propósito o significado. En cambio, mantener vivo el fuego es más fácil de lo que imaginas.

En enero de 2014, escribí en mi blog un artículo titulado «Salgo en citas con alguien a pesar de que estoy casado»[10]. Cierto, quizá el título parezca un poco loco. Sin embargo, fue la mejor forma que encontré para enfatizar la convicción que sentía de lo importante que era anhelar a mi esposa como lo hacía cuando éramos novios. Quería recuperar y profundizar esa llama, esa pasión, ese deseo. Quería regresar a esa sensación de sentir mariposas en el estómago, al nerviosismo que hacía que me sudaran las palmas de las manos. Lo había perdido sin darme cuenta. Me resultó difícil reconocer el motivo que me llevó a escribir el artículo, pero era algo que necesitaba decir... y algo que muchas parejas necesitaban escuchar.

Mi esposa y yo nos dimos cuenta de que la rutina diaria del matrimonio puede comenzar con bastante rapidez, y si no tienes cuidado, esa nueva y excitante relación puede quedar en un segundo plano, mientras que el trabajo y otras cosas se convierten en una prioridad. En ese punto estaba yo. Y en ningún momento fue a propósito. Nadie quiere llegar a ese punto cuando se casa. Mi forma de demostrarle a mi esposa que la amaba era trabajar duro y proveerle en lo económico. Esas son cosas muy buenas. No obstante, estaba tan enfocado en las mismas, que dejé de buscar el corazón de mi esposa en las formas que ella lo deseaba. Dejé de hacer todas las cosas asombrosas que hacía cuando éramos novios. Las cosas que le demostraban que estaba dispuesto a todo para expresarle mi amor. Anhelaba que la buscara porque esto le mostraba que todavía estaba interesado en quién era ella, a pesar de que ya estábamos casados. Que la escogía una y otra vez a pesar de que ya teníamos anillos en nuestros dedos. Muy pronto me di cuenta de lo importante que es invertir en la relación con mi esposa, sin importar el tiempo que hayamos estado juntos. Que no puedo solo depender de las acciones y de las palabras de intimidad de ayer para llevar a cabo lo que hay que hacer hoy. La búsqueda nunca debe terminar.

Esa parece una afirmación bastante obvia, pero te sorprenderías cuántas parejas necesitaban afrontar esta verdad tanto como yo.

Lo que dije tocó un punto sensible. Millones de personas leyeron el artículo y comenzaron a hacerse eco de la idea de buscar a su cónyuge de manera constante. Es más, el artículo ganó tanta popularidad que lo retransmitieron en numerosas estaciones y medios de comunicación, y hasta Juli y yo recibimos una invitación para asistir al programa diurno de Steve Harvey. Fue una experiencia bastante surrealista. Creo que hubo tantos que se hicieron eco de mis palabras, porque todos deseamos en lo más profundo ser amados y anhelados.

La idea de buscar a tu cónyuge debe estar en la vanguardia de tus pensamientos. ¿Por qué? Porque nunca aprenderás lo suficiente de la persona con la que estás. Siempre hay algo más que aprender, algo más que experimentar, y alguna otra aventura para vivir el uno con el otro.

Y lo mismo es cierto con respecto a la relación con Dios. ¿Te das cuenta a dónde quiero llegar con esto? Las semejanzas son bastante extraordinarias. Debemos vivir en una búsqueda constante de nuestro Dios, anhelando siempre conocerlo y amarlo más, de modo que podamos así alimentar nuestras propias vidas con su amor, amándolo de veras a Él y a otros. Se trata de un ciclo que se repite.

Dios te busca sin cesar cada día y merece lo mismo a cambio. La búsqueda del amor de Dios no es una «obligación»; es una «necesidad». Es una bendición inmerecida. Descubrir la maravilla del amor de Dios no es un romance pasajero, sino un proceso diario. Y la búsqueda diaria de Dios puede venir en muchas maneras y tamaños. La oración, la adoración, el servicio y el estudio de la Palabra de Dios son formas de buscar el corazón de Dios y de encontrar descanso en su amor. Hacer estas cosas con abnegación y humildad es la clave para entablar una relación fructífera con Cristo. Todos los más justos e influyentes seguidores de Dios fueron quienes lo buscaron sin cesar. Sí, quizá tuvieran algunos tropiezos en el camino, pero aun así la búsqueda definió su vida. Solo la mujer y el hombre que buscan a Dios llegarán a conocerlo de veras y a morar con Él, y dejarán de ser simples espectadores.

Dios merece nuestra búsqueda incansable: una búsqueda que vence los obstáculos y va más allá de los límites. Tenemos que vivir de forma tal que anhelemos el amor y la justicia de Dios como si fuera la primera vez que lo hayamos experimentado. El fuego que es nuestra relación con Dios tiene que alimentarse cada día y mantenerse ardiendo de modo que, sin importar los obstáculos que afrontemos en la vida, el amor de Dios nos impulse hacia adelante.

Una relación fuerte, sin importar con quién sea, no puede existir sin tiempo de calidad, sin comunicación, sin humildad, sin sinceridad, sin transparencia. Mi relación con mi esposa no durará a menos que ambos continuemos buscándonos el uno al otro. Solo observa cuántos matrimonios en el mundo actual terminan en divorcio, todo porque las personas dicen que su relación se esfumó. O que la chispa se apagó. O que se aman, pero que ya no están «enamorados». Esto sucede porque el esposo y la esposa dejan de buscarse entre sí, dejan de poner al otro primero y dejan de vivir una vida dedicada a conocer a la otra persona cada vez más. Tus relaciones son lo que inviertes en ellas. Y nuestra relación con Dios no es diferente. Cada día debemos dejar espacio para que la voluntad de Dios ocupe el centro del escenario y nuestros deseos egoístas pasen a un segundo plano. Esa es la única forma en que resultará.

La vida cristiana se alimenta cuando nos aferramos a Jesús. Mantiene el fuego ardiendo. No hay sustituto. No hay reemplazo. No hay alternativa genérica. No estamos destinados a hacer una vida para nosotros por nuestra cuenta, sino a través del amor de Jesús. Solo Jesús es la razón por la que se nos permite experimentar todas las grandes maravillas que ofrece este mundo. Todo lo que hacemos en la vida se deriva del poder y de la majestad de su amor.

Todo lo que hacemos debe ser para glorificar a Dios, para ser conscientes y vivos a plenitud por medio de Jesucristo: «Antes de recibir esa circuncisión, ustedes estaban muertos en sus pecados. Sin embargo, Dios nos dio vida en unión con Cristo, al perdonarnos todos los pecados» (Colosenses 2:13, NVI®).

En su carta a los colosenses, Pablo no solo dijo que estábamos «vacíos» o que teníamos vidas carentes de significado. Si tan solo ese fuera el caso. Lo que dijo fue que, en realidad, estábamos muertos, que no tenemos nada resuelto ni bajo control. Y ahora vienen las buenas noticias: Dios «nos dio vida en unión con Cristo». Tomó algo sin vida, tú y yo, y le dio vida. No sé a ti, ¡pero eso me emociona a mí! Esa es la clase de verdad que puede cambiar vidas, que puede cambiar culturas enteras. En el corazón de este fuego: Jesús. El *amor* que recibes de Dios no depende de cuán buena persona seas. La oración, la adoración y la adquisición de conocimiento no ganan el amor de Dios; estas cosas nos colocan en la posición adecuada para recibir el amor que Él quiere darnos con tanta urgencia. Dios anhela tener oportunidades para bendecirnos. Ya eres amado de forma ilimitada. Acéptalo, abrázalo y permite que ese amor alimente tu vida en toda su plenitud. Nunca te arrepentirás.

Recuerdo que me sentí confundido la primera vez que escuché eso. Sobre todo porque me sentía confundido al saber que Dios no quería nada de mí para yo poder obtener su amor. Ya estaba allí, y con tan solo imaginármelo, la cabeza me explotaba. Pensar que el Creador del universo ya nos ama a pesar de lo que hacemos o de lo que no hacemos, de lo que decimos o de lo que no decimos, de lo que oramos o de lo que no oramos. Esa verdad me mostró cuán misericordioso y compasivo es Dios en realidad. Es un amor que no tiene límites.

Uno de los primeros libros que leí cuando me convertí fue *La búsqueda de Dios*, de A.W. Tozer. Algo que leí allí todavía me conmueve en la actualidad: «El haber hallado a Dios, y seguir buscándolo, es una de aquellas paradojas del amor»[11]. La idea de buscar a Dios y elegir perseguirlo puede parecer tonta o como una pérdida de tiempo, pero lo cierto es que se trata del mejor ejemplo para demostrar tu amor por Dios. Es como el mayor juego del mundo de las escondidas. Deberíamos seguir persiguiéndolo como si nunca lo hubiéramos encontrado.

Durante gran parte de mi pasado, hice lo opuesto de eso. A cada momento me hallaba tratando de hacer cosas por mis propias fuerzas, buscándome a mí mismo y a mis deseos en vez de buscar a Dios. Y me sentía muy solo. El acto de buscar a Dios es el acto de buscar el amor en sí mismo. Y una relación activa con Dios es el único remedio para el anhelo de conexión y propósito que hay en tu alma. Créeme cuando te digo que es la única cosa que puede proporcionar de veras un sentido de satisfacción en la vida. El mundo a tu alrededor tratará de seducirte a cada momento a fin de que creas que hay otras cosas allá afuera que pueden alimentar tu alma y darte la vida que deseas en realidad. Sin embargo, nada más puede hacerlo. Nada más podrá hacerlo jamás. Solo buscando las cosas de Dios descubrirás tu verdadero yo. La búsqueda te refinará, te moldeará y te ayudará a convertirte en la persona que Dios te llama a ser. Al igual que la piedra que cae en el lecho de un arroyo, con el tiempo tus bordes filosos se redondearán.

Ahora bien, tal vez para ti, la idea de leer una Biblia o incluso orar te atemorice. O tal vez hayas creído en Dios desde que puedes recordar, pero la vida maravillosa de un seguidor de Cristo todavía no es como se supone que sea. Jesús, el cristianismo y la Biblia no son más que una parte de tu rutina diaria, una que no alimenta la manera en que vives ni la persona en la que te estás convirtiendo. Lo entiendo. Yo era esa clase de persona. Solía pensar que el cristianismo era aburrido, una pérdida de tiempo sin lugar a dudas. Cuando era más joven nunca fui fanático de ir a la iglesia ni de que me llevaran a otra actividad del grupo de jóvenes. Todo parecía ser absurdo e irrelevante. Sin embargo, entonces experimenté a Jesús por lo que Él es en realidad y no por lo que yo suponía que fuera. Abandoné mi orgullo y, por fin, permití que Dios entrara. Esto no sucedió de la noche a la mañana, pero con perseverancia y humildad, mi relación con Dios comenzó a crecer de veras y mis bordes filosos empezaron a redondearse. Por fin mis ojos se abrieron a la presencia de Dios y mi vida ahora se alimenta de su glorioso amor.

Si piensas que el cristianismo es aburrido, no conoces a Jesús. Cuando encuentras en verdad el amor ardiente de Jesús, tu vida será todo menos aburrida y ordinaria. El amor y el poder de Jesús son demasiado maravillosos como para alejarte de ellos una vez que los pruebas. La adoración es emocionante, leer la Biblia es fascinante y la oración es una conversación con Dios de la que no puedes prescindir. La Biblia dice que somos santificados (apartados) por la sangre de Cristo, y tenemos que darnos cuenta de que en realidad no podemos digerir esta verdad sin encontrar el gozo eterno que trae consigo.

La Biblia pinta un cuadro muy claro de lo que sucede cuando alguien pertenece a Cristo y descubre la maravilla del amor de Dios. Lo viejo desaparece y comienza una nueva vida. Solo por medio de Jesús podemos resucitar de veras en la vida y la comunidad para la que nos crearon. La vida en Cristo abarca la totalidad de Él mismo, que por naturaleza es cualquier cosa menos monótona y aburrida.

Pero Dios, que es rico en misericordia, por su gran amor por nosotros, nos dio vida con Cristo, aun cuando estábamos muertos en pecados. ¡Por gracia ustedes han sido salvados! Y en unión con Cristo Jesús, Dios nos resucitó y nos hizo sentar con él en las regiones celestiales, para mostrar en los tiempos venideros la incomparable riqueza de su gracia, que por su bondad derramó sobre nosotros en Cristo Jesús. Porque por gracia ustedes han sido salvados mediante la fe; esto no procede de ustedes, sino que es el regalo de Dios, no por obras, para que nadie se jacte. Porque somos hechura de Dios, creados en Cristo Jesús para buenas obras, las cuales Dios dispuso de antemano a fin de que las pongamos en práctica.

EFESIOS 2:4-10, NVI®

Una vida en Cristo trae propósito, restauración, gracia e identidad eterna. Nos impulsa más allá de la imaginación. La aventura que aguarda a un seguidor de Jesús es una que este mundo no puede igualar. Cada día es una nueva experiencia, una nueva faceta de la gloria de Dios y otra oportunidad de profundizar en tu relación personal con el Creador. Siempre hay lugar para el crecimiento, lo que significa que siempre hay lugar para la aventura. Y la aventura de vivir en el amor de Dios significa tomar el fuego que se nos da y liberarlo.

Pasa la antorcha

Quizá te estés preguntando: *Muy bien, entonces, ¿cómo amo a Cristo? ¿Qué significa eso en realidad? ¿Me pongo a pensar en cosas buenas, cosas «amorosas» acerca de Él? ¿O lo amo a través de las buenas acciones? ¿Cómo funciona?* Jesús nos da una respuesta muy clara. En Mateo 25, Él les dice a las personas que se reunieron para escucharlo que un día volvería y les diría a quienes alimentaron a los hambrientos, les ofrecieron alojamiento a los forasteros, vistieron a los desnudos, cuidaron a los enfermos y visitaron a los presos: «Les aseguro que todo lo que hicieron por uno de mis hermanos, aun por el más pequeño, lo hicieron por mí» (versículo 40, NVI®). El evangelio de Jesús es complejo y lleno de capas, pero la aplicación que debemos seguir no es otra que esta indicación básica: Ama a Dios, ama a las personas. O como lo dijera Dwight L. Moody:

> Si el verdadero amor de Dios mora en abundancia en nuestros corazones lo mostraremos en nuestras vidas. No tenemos que ir de arriba a abajo por toda la tierra proclamándolo. Lo mostraremos en todo lo que decimos o hacemos[12].

Al amar a otros en las formas más sencillas y obvias, amamos también a Dios. Le damos gloria a su nombre, gloria a la cruz y gloria a su Hijo, Jesús. Alimentamos el fuego aún más. Amar a Dios no es un ejercicio de abstracción mental. Es una acción que tiene lugar a través de nuestras relaciones e interacciones con los demás... es llevar el fuego a otras personas.

Yo lo comparo con un fuego arrasador. No es la analogía perfecta, pues los fuegos sin control, después de todo, pueden ser temibles y destructivos, pero también pueden tener un propósito increíble: queman lo que está muerto en un bosque y dejan espacio para que crezca la nueva vida que de otra manera no florecería. Mi tío es bombero y pasó los primeros años de su carrera trabajando con un equipo que combate los fuegos en los bosques de California. Él sería el primero en decirte que los fuegos, en especial los que se producen con el viento a favor, son implacables. Tienen el poder de escalar montañas y atravesar carreteras. Y mientras más combustible tiene un fuego, más incontrolable se vuelve, más rápido se mueve y más grande será el área que afectará y consumirá. Lo mismo es cierto en cuanto a nuestra relación con Dios y nuestra eficiencia como cristianos.

Amar a Dios mostrando su amor a través de nuestras acciones, palabras y vidas diarias no solo es contagioso, sino que da vida a quienes lo dan y también a quienes lo reciben. Los eleva a nuevas alturas. El amor de Dios es como un fuego incontrolable: expansivo, consumidor y temerario. Además, con el Espíritu Santo a nuestro favor, es indetenible. Dios creó a su pueblo a su imagen para que pudieran amar, ayudar a los necesitados y expandir la Gran Comisión a todas las naciones, como lo vemos en el Nuevo Testamento. Nuestro llamado como cristianos es amar a esos con los que tenemos contacto, darles a conocer el mensaje de Jesús y adorar con todo nuestro ser, sin importar las circunstancias. No siempre es fácil, pero recuerda esto: Nos crearon para amar. Ese es nuestro propósito en la vida. Amar a otros, poniendo en alto el nombre de Jesús. Y con Jesús, es posible. Como dijera el ministro Samuel Chadwick en una ocasión:

> Las almas llenas del Espíritu arden para Dios.
> Aman con un amor que resplandece. Creen con
> una fe que se aviva. Sirven con una devoción que
> consume. Odian el pecado con una ferocidad
> que quema. Se regocijan con un gozo que
> irradia. El amor se perfecciona en el fuego de
> Dios[13].

Este fuego todo lo consume, todo lo que tiene cerca se desvanece. Cuando estamos junto a este fuego, cuando nos abrimos para aprender de Jesús, no podemos evitar que nos arrastre a Él y querer que otros sientan su amoroso abrazo. Amamos porque Él nos amó primero. Perdonamos porque Él nos perdonó primero. Servimos porque Jesús nos sirvió primero. La razón de nuestro amor es Dios. La razón de nuestro servicio es Dios. La razón de nuestro existir es Dios. Cuando modelamos nuestro ser de acuerdo a esta verdad, permitimos que el amor de Dios encienda en nuestras vidas el poder que nos permite seguir adelante. Jesús, y solo Jesús, puede proveernos el combustible que necesitamos para amar bien a otros. Cuando encontramos de veras a Jesús, nunca nos quedaremos sin ese combustible.

Capítulo 9

El MAYOR
de ESTOS

La realidad del amor de Dios por ti quizá sea algo que hayas escuchado innumerables veces. Aun así, no pases por alto lo siguiente: Reflexionar en su amor y en lo que hizo por nosotros es un fundamento muy importante de nuestras vidas espirituales. A medida que aprendemos a respirar de veras en el amor de Dios, nos equipamos y motivamos para mostrarles a otros ese amor. Por consiguiente, ¿de qué sirve adquirir este amor para nosotros si no lo vamos a compartir? El amor de Dios no es egoísta; suplica que lo compartan con otros.

Todos tenemos que preguntarnos qué debemos hacer con este inmenso amor que nos han dado. Puede que la respuesta mía no sea igual que la tuya, pero nuestro llamado a exhalarlo es el mismo. Si se supone que debemos seguir a Jesús y vivir como Él, y Jesús mostró un amor radical hacia todas las personas con las que se cruzó, pasara lo que pasara, ¿qué significa para nosotros que amemos como Jesús? Su amor va más allá de los límites para mostrarse, conocerse y darse.

La Palabra de Dios habla mucho acerca del amor, pero hay un pasaje que pinta la imagen más vívida de cómo se ve el amor de Dios en nuestras vidas y cómo debería verse cuando se lo llevamos a otros: 1 Corintios 13. Y este pasaje comienza con una declaración bastante fuerte acerca de la importancia de la vida definida por el amor: «Si hablo en lenguas humanas y angelicales, pero no tengo amor, no soy más que un metal que resuena o un platillo que hace ruido» (versículo 1, NVI®).

No me resulta desconocido 1 Corintios 13, pero una vez cuando lo leí, la palabra *platillo* me llamó la atención de una manera como nunca antes. Pensar en esta palabra me dio una idea de cómo se ve la vida cuando no equipamos nuestras palabras y acciones con amor.

Poco después, prediqué un mensaje sobre este pasaje. Fue durante una época de elecciones, un tiempo en que los ataques maliciosos y las acusaciones parecían proliferar sin control, no solo entre los candidatos, sino también entre la gente común. El momento, pensé, no fue una coincidencia. En medio de la lucha es el mejor momento para hablar del amor.

Empecé mi mensaje explicando la realidad del amor de Dios por nuestras vidas, cómo Dios mismo es amor y cómo nuestro deber como cristianos es mostrarle amor al mundo. En este punto, todos asentían todavía con la cabeza. Entonces, en el instante en que comencé a pedirles a las personas que evaluaran sus vidas para ver si amaban de veras a quienes les rodeaban, la conducta de todos empezó a cambiar. Fui el primero en admitir que no siempre reflejo el amor de Dios. No quería que alguien pensara que lo tenía controlado todo. Porque no era así. Y no es así.

Y luego empecé a hablar de la forma en que debemos tratarnos unos a otros, no solo en persona, sino también en línea, a través de comentarios, artículos, tuits y respuestas. Es fácil ser educado cuando estamos delante de alguien, pero con frecuencia nuestra conducta cambia detrás de la seguridad de un perfil en línea y de una pantalla. Vivimos en un mundo lleno de opiniones y creencias opuestas, y a menudo me pregunto si no conseguimos vivir el amor con quienes no estamos de acuerdo.

Di un paso atrás en la plataforma, agarré una baqueta, golpeé un platillo y me quedé parado al lado de la mesa. Hice una pausa. Luego, todavía enseñando mi mensaje sobre el amor, de repente cambié mis palabras y comencé a hacer comentarios rudos y crueles, golpeando el platillo con la baqueta mientras seguía como si nada sucediera.

«Mi opinión sobre la inmigración es...» *golpes en el platillo*

«Mi opinión sobre la política es...» *golpes en el platillo*

«Mi opinión sobre el matrimonio es...» *golpes en el platillo*

«Mi opinión sobre el aborto es...» *golpes en el platillo*

Cuando salí de detrás del soporte de los platillos, pregunté si todos escucharon lo que dije en los últimos minutos. Algunos se rieron. Otros dijeron: «Amén». Varios todavía tenían las manos sobre sus orejas por si volvía a golpear el platillo. Lo entendieron.

Si no hablamos con amor, nadie va a escuchar lo que decimos, sin importar cuán cierto o importante quizá sea. No van a escucharnos ni a respetarnos. Y es cierto, nuestro mundo está lleno de platillos que hacen ruido, muchos de los cuales no conocen el amor de Dios, de modo que tiene sentido la urgencia para actuar de esta forma. Sin embargo, muchos de los que nos llamamos cristianos caemos en la trampa de expresar nuestras opiniones de una manera poco amorosa.

No podemos amar a otros sin el amor de Dios. El amor de Dios es bondadoso y compasivo. Sin importar cuán profundas o verdaderas tal vez pensemos que sean nuestras palabras, si hablamos y actuamos sin amor, nadie puede escucharnos. Cualquier cosa que se diga sin amor, no vale la pena decirla. Cualquier cosa que se haga sin amor, no vale la pena hacerla. Y puedes imaginarte cómo se sentirán quienes reciben las críticas de personas que dicen que lo hacen «por amor», cuando de veras lo hacen solo por un sentido equivocado de orgullo, superioridad o juicio. Los que reciben las críticas no escuchan otra cosa que platillos que hacen ruido. Sin embargo, en el instante en que el amor entra en escena, termina el ruido. Nuestras voces se vuelven claras. Nuestras palabras cobran valor otra vez.

Pablo continúa:

> Si tuviera el don de profecía y entendiera todos los planes secretos de Dios y contara con todo el conocimiento, y si tuviera una fe que me hiciera capaz de mover montañas, pero no amara a otros, yo no sería nada. Si diera todo lo que tengo a los pobres y hasta sacrificara mi cuerpo, podría jactarme de eso; pero si no amara a los demás, no habría logrado nada.
>
> 1 CORINTIOS 13:2-3

Sin amor, nada importa... ni hablar en lenguas, ni tener el don de profecía, ni contar con todo el conocimiento, ni siquiera tener fe capaz de mover montañas. Pudiéramos saber toda clase de cosas acerca de Dios, escuchar todos los sermones que encontráramos, escribir libros, ser los mejores líderes de adoración o los mejores maestros o predicadores, pero si hacemos cualquiera de estas cosas sin amor, nada importa. Todo es una pérdida de tiempo. Es posible actuar de manera espiritual y decir que sigues a Dios, pero ser nada más que un farsante, un fariseo, un hereje del amor. A diario, Dios ve personas que son así.

Sin amor, no podemos cumplir el llamado de Dios para nuestras vidas. Sin amor, no podemos comprometernos en la relación que anhela Dios. Y sin amor, no podemos reflejar de veras la imagen de Dios. Trata de pensar en alguna persona que hace cosas increíbles para el reino de Dios sin el amor de Dios. Esa persona no existe. La vida sin el amor de Dios te decepcionará y te conducirá en la dirección equivocada. Nos crearon para una vida fortalecida por el amor donde el amor de Dios influye en cada pequeña cosa que hacemos.

Pablo continuó su coro del amor, mostrándonos con exactitud cómo se supone que debe ser, o no, esta clase de amor.

> El amor es paciente y bondadoso. El amor no
> es celoso ni fanfarrón ni orgulloso ni ofensivo.
> No exige que las cosas se hagan a su manera.
> No se irrita ni lleva un registro de las ofensas
> recibidas. No se alegra de la injusticia sino que se
> alegra cuando la verdad triunfa. El amor nunca
> se da por vencido, jamás pierde la fe, siempre
> tiene esperanzas y se mantiene firme en toda
> circunstancia.

La profecía, el hablar en idiomas desconocidos, y el conocimiento especial se volverán inútiles. ¡Pero el amor durará para siempre! Ahora nuestro conocimiento es parcial e incompleto, ¡y aun el don de profecía revela solo una parte de todo el panorama! Sin embargo, cuando llegue el tiempo de la perfección, esas cosas parciales se volverán inútiles.

Cuando yo era niño, hablaba, pensaba y razonaba como un niño; pero cuando crecí, dejé atrás las cosas de niño. Ahora vemos todo de manera imperfecta, como reflejos desconcertantes, pero luego veremos todo con perfecta claridad. Todo lo que ahora conozco es parcial e incompleto, pero luego conoceré todo por completo, tal como Dios ya me conoce a mí completamente.

1 CORINTIOS 13:4-12

El amor es paciente y bondadoso, no es celoso, fanfarrón, rudo, ni egoísta. Cualquier cosa que lleva un registro de las ofensas recibidas o se alegra de la injusticia no es amor. Se dice que el amor se mantiene firme en cada circunstancia que lanza la vida. Si planeamos vivir una vida de amor, esa es la manera en que se supone que debamos vivir.

Siempre he reflexionado acerca de la última parte de este grupo de versículos. El lugar donde Pablo dijo: «Tres cosas durarán para siempre: la fe, la esperanza y el amor; y la mayor de las tres es el amor» (versículo 13). ¿Qué significa que el amor es mayor que la fe o la esperanza? Considera esto: El amor encapsula la fe y la esperanza. La fe y la esperanza constituyen el ADN del amor.

«La mayor de las tres es el amor», puesto que el mayor es Dios, y Dios es amor. Dios es la esencia misma del amor. Sin Dios, sin amor, no tenemos fe ni esperanza. Y debido a Dios, a nuestra fe y esperanza, el amor debe ser la misión de nuestras vidas. El amor es un arma contra la oscuridad y el dolor del mundo. El amor debe ser el himno de nuestras almas.

Ámense los unos a los otros

Si el amor es el latido del corazón de Dios, encapsulando todo acerca de nuestra fe y esperanza, no debería ser una sorpresa que la idea de ofrecerles ese amor a todos los que encontramos impregne las Escrituras. Es más, la palabra amor se puede encontrar cientos de veces en la Biblia. En la Nueva Traducción Viviente, aparece setecientas cincuenta y nueve veces. Eso es impresionante. Y no nos olvidemos de la orden de amar a nuestros enemigos que a muchos les cuesta tragar:

> Amen a sus enemigos, háganles bien y denles
> prestado sin esperar nada a cambio. Así tendrán
> una gran recompensa y serán hijos del Altísimo,
> porque él es bondadoso con los ingratos y
> malvados.
> LUCAS 6:35, NVI®

En realidad, ninguno de nosotros quiere amar a sus enemigos. Si alguien nos hizo daño, lo último que queremos es hacerle un bien a esa persona. Aun así, a eso nos llama Dios. Y eso es lo que hizo una mujer llamada Mary Johnson ante el profundo horror: el asesinato de su único hijo[14].

Al principio, Mary odiaba al joven que asesinó a su hijo. Varios años después de su sentencia de prisión, Mary decidió visitarlo. En seguida se dio cuenta de que el chico que conoció hacía muchos años, ya no era el animal, como lo llamara una vez. Entonces, ¿qué hizo? Lo perdonó. «La falta de perdón es como el cáncer. Te comerá de adentro hacia afuera», dijo en una entrevista a CBS[15].

Podía haber seguido amargada, aislada y enojada. Podía haber seguido alimentando el odio por el asesino de su hijo y, a decir verdad, nadie la habría juzgado por esto. En cambio, no lo hizo.

Continuó visitando al joven hasta que salió de la prisión diecisiete años después de juzgado y lo acogió bajo su cuidado, convirtiéndose en alguien a la que él llamó su segunda madre.

El amor conquistó el odio que Mary tenía en su corazón hacia el asesino de su hijo. Y eso es lo que significa amar a tu enemigo. No solo a las personas que nos hacen enojar, no solo a las personas que no tenemos deseos de amar, sino también a las personas que han afectado nuestras vidas de maneras dolorosas y destructivas. Sé que Satanás detesta escuchar historias como la de Mary. Debido a que, una vez más, triunfó el amor. Y la historia de Mary ha animado a otros a mostrarles amor y perdón a los asesinos de sus seres queridos. El amor es contagioso. Y tiene el poder de vencer tanta oscuridad.

Nuestra tarea como seguidores de Jesús es reflejar una imagen de amor a todos los que nos rodean, el mismo amor que Jesús mostró en un pedazo de madera conocido como cruz. Sin amor carecemos de sentido. Sin amor, estamos sin Jesús. Sin amor, el evangelio no es de ninguna manera el evangelio. Jesús mismo es la imagen que debemos tratar de reflejar, y nuestra misión es amar porque Él nos amó primero.

Quizá no vivamos la clase extrema de amor de la que habló Jesús en Lucas 6, pero tenemos el llamado de amar en todas las situaciones que afrontemos, sin importar cuán fácil o qué tan difícil sea. Y cada día se nos presentan oportunidades para mostrar amor. En realidad, no requiere mucho esfuerzo encontrarlas. Solo piensa en las personas que ves a lo largo del día: cuando vas a tomar un café, a echarle gasolina al auto, a almorzar, al banco o a hacer diligencias. Literalmente, encontramos miles de personas a quienes tenemos la oportunidad de amar. Y el amor se trata más de disponibilidad y menos de habilidad o capacidad. Si te pones por completo a la disposición de Dios para que te use, a menudo te encontrarás en medio de oportunidades para mostrar su amor.

No sabría por dónde empezar a decirte cuántas personas mi esposa y yo, a la larga, empezamos a llamar amigas solo porque les dijimos hola, les abrimos una puerta en un restaurante o les ofrecimos aliento en medio de su mal día. Los pequeños actos de amor marcan una gran diferencia, pero nunca lo sabrás hasta que no comiences a hacerlos. El amor de Dios une a personas que, de otra manera, nunca pasarían tiempo juntas. Necesitamos aprovechar cada oportunidad que tengamos a fin de reflejar una imagen de amor y bondad a través de nuestro día y dejar que Dios se ocupe del resto. Solo somos los mensajeros. Dios es el director.

Como cristianos, debemos aprender a irradiar la imagen del amor de Dios en cada faceta de nuestras vidas. No hay tal cosa como una relación privada con Dios. Personal, sí. Privada, no. El texto bíblico destaca que nuestras vidas deben ser públicas, una muestra diaria de las muchas y hermosas características de Dios. No tenemos el llamado a ser ostentosos, sino que tenemos el llamado a estar orgullosos de a quién representamos y llamamos Señor.

> Ustedes son la luz del mundo, como una ciudad en lo alto de una colina que no puede esconderse. Nadie enciende una lámpara y luego la pone debajo de una canasta. En cambio, la coloca en un lugar alto donde ilumina a todos los que están en la casa. De la misma manera, dejen que sus buenas acciones brillen a la vista de todos, para que todos alaben a su Padre celestial.
>
> MATEO 5:14-16

Así como no encenderíamos una lámpara y luego la cubriríamos, anulando su único propósito, como cristianos, no se supone que mantengamos oculta del ojo público la esperanza de Jesús. No mostrarles a otros el amor de Jesús nos impediría por completo llevar a cabo la Gran Comisión: hacer «discípulos de todas las naciones, bautizándolos en el nombre del Padre y del Hijo y del Espíritu Santo» (Mateo 28:19).

No tiene ningún sentido guardar silencio en un mundo que desfila por la oscuridad y el engaño. Nuestra fe se diseñó para ser pública y declarada. Para ser comunicada. Para ser debatida con los que encontramos en el camino. Nos llamaron a ser brillantes ejemplos de Cristo en todo lo que hacemos, sin que importe lo que hagamos, sin que importe dónde estemos y sin que importe con quién nos relacionamos.

Ahora bien, entiendo la necesidad de la evangelización estratégica en países donde el cristianismo sea ilegal, pero lo cierto es que los estadounidenses no tenemos ninguna excusa para guardar silencio. ¡No me refiero a que tengas que pararte en una esquina con un cartel que diga Amo a Jesús!, sino que no deberías tener ningún problema en dejar que las personas sepan a quién le entregaste tu vida. Tenemos el llamado a vivir sin avergonzarnos en la mayor medida posible.

> No me avergüenzo de la Buena Noticia acerca de Cristo, porque es poder de Dios en acción para salvar a todos los que creen, a los judíos primero y también a los gentiles.
>
> ROMANOS 1:16

Cuando nuestras vidas quedan atrapadas en la belleza del evangelio, nos damos cuenta de que nuestra existencia ya no se trata de nosotros. Nuestra vocación como seguidores de Cristo es proclamar la fascinante y deslumbrante belleza del evangelio.

Capítulo 10

AMOR
PREPAGADO

Si vivimos en este increíble amor de Dios y creemos lo que nos dice a través de su Palabra, no deberíamos querer, ni ser capaces, de contenerlo. El amor de Dios debe ser muy abundante. Debe fluir de tal manera desde dentro, y a través de nosotros, que no debe tener otro remedio que derramarse sobre las personas que nos rodean. Y el amor, el amor verdadero, auténtico y sin ataduras, puede cambiar vidas. Nunca sabremos lo que un solo acto de bondad podrá hacer por alguien. Nunca sabremos lo que un solo acto de bondad podrá significar para alguien que está atravesando un tiempo difícil.

Creo que nunca entendí eso hasta que conocí a Tom.

Era un cálido y húmedo día de verano en el sur de California. Había ido a un centro comercial por una razón que no me acuerdo, es probable que para comprarme un par de zapatos o encontrarme con algunos amigos. Mientras caminaba de regreso a mi auto, vi algo recostado a un árbol que estaba a mi derecha, una persona tratando de encontrar descanso en la sombra. Era un anciano que sostenía un cartel que decía ¡Cualquier cosa ayuda! De manera normal, le hubiera dado un billete de cinco dólares y habría seguido mi camino, pero Dios tenía otros planes.

El hombre estaba sentado allí bajo el sol ardiente, con ropas harapientas, zapatos muy viejos y una mochila que parecía demasiado pequeña como para tener algún uso. Tenía los ojos sombríos, la piel reseca y parecía estar débil. Era fácil darse cuenta de que no tenía dónde vivir y necesitaba ayuda. Sospeché que no había tenido una comida caliente desde hacía mucho tiempo.

Es probable que fuera a ese centro comercial miles de veces y, si bien había visto a muchos otros pidiendo una pequeña ayuda, el rostro de ese hombre no me resultaba conocido. Mientras seguía caminando hacia el auto, trataba de justificar mi actitud. No era que no me interesara él ni sus necesidades; solo me dije que estaba demasiado ocupado como para detenerme y que me aseguraría de orar por él más tarde. Es una respuesta muy tonta e inmadura, en especial para alguien que se dice seguidor de Cristo.

Todos hacemos esto, ¿cierto? Anhelamos que Dios nos use, pero luego buscamos justificaciones para no aprovechar las oportunidades que nos envía porque no las consideramos lo bastante convenientes. Cuando la vida es hasta cierto punto fácil y cómoda, como sucede con muchos de nosotros que somos cristianos en Estados Unidos, tendemos a confiar más en nuestra comodidad que en el amor de Dios. Amamos a Jesús, pero en nuestro propio tiempo. Queremos que nos use, pero solo en formas que nos sintamos a gusto. Queremos cambiar el mundo, pero antes tenemos que ocuparnos de nuestras necesidades. Sin embargo, vivir en amor nos empuja fuera de nuestra zona de comodidad. De repente, empezamos a ver a las personas como las ve Dios... y no podemos seguir de largo. Entonces, mientras trataba de llegar a mi auto sin prestarle atención al hombre que estaba recostado al árbol, algo poderoso estremeció mi corazón y regresé a donde estaba el anciano.

—¡Hola! —le dije sonriendo y le extendí la mano.

—Hola, Señor —respondió el hombre mirándome un poco confundido. Tuvo que hacer un esfuerzo para extenderme la mano y me di cuenta de lo destrozadas y malformadas que las tenía.

Más tarde, me contó que se debía a una combinación de heridas de guerra y distrofia muscular progresiva. Le pregunté cómo se llamaba y cómo estaba. Pensé que tener una conversación superficial era suficiente para la misión de ese día, y que cuando terminara, podría marcharme a casa feliz de lo que hice. Sin embargo, Dios me dijo que no me saldría con la mía tan rápido. Mi corazón necesitaba cambiar de perspectiva.

—Me llamo Tom —dijo el hombre—. Es el diminutivo de Thomas.

—¡Oye, mi primer nombre también es Thomas! —le dije—. Pero uso mi segundo nombre, Jarrid. Es parte de una tradición familiar.

Ambos sentimos una pequeña conexión al saber que teníamos el mismo nombre, y pude darme cuenta de que algo tan simple como eso creó un poco de confianza entre nosotros.

Tom tenía casi ochenta años y había vivido como vagabundo durante los últimos veinte años. Había perdido su trabajo poco tiempo después de regresar de la guerra. Años después, su esposa murió de cáncer y no tenían hijos a los que pudiera acudir en busca de ayuda. Estaba solo y su única opción era vivir en las calles. Me quebrantó escuchar esto.

—He vivido así mucho tiempo, pero me estoy poniendo muy viejo como para continuar haciéndolo —dijo Tom.

Me explicó que recibía un pequeño cheque por el correo cada mes por el tiempo que sirvió en el ejército durante la guerra de Vietnam, pero que no era suficiente para alquilar ni siquiera los peores apartamentos en el sur de California. No podía mudarse a otro estado debido a su salud y a su edad.

—Estoy como atascado —dijo con los ojos entrecerrados.

Le pregunté qué podía hacer para ayudarlo.

—¿Ropas nuevas? ¿Algo de dinero? ¿Un lugar para pasar la noche?

—¿Sabes qué? —respondió Thomas—. Debido a mi condición de salud, de veras me sería útil tener uno de esos teléfonos prepagados baratos para emergencias. Nada lujoso. Aparte de eso, de verdad estoy bien hasta que encuentre un lugar lo bastante barato para alquilar.

—¡Perfecto! Te lo compraré —le dije.

Entonces, regresé al centro comercial, donde compré un teléfono prepagado de diez dólares, lo activé y luego le compré algunos pares de medias, algunas camisas y otras cosas básicas que pensé que podía necesitar. Cuando volví al árbol donde estaba Tom, me miró con una gran sonrisa y dijo:

—¿Qué rayos compraste?

Grabé mi número en el teléfono, se lo di y le mostré las otras cosas que le había comprado. Le pregunté si había algo más que pudiera hacer o algún lugar al que lo pudiera llevar. Le ofrecí llevarlo a mi pequeño apartamento para que se duchara. Insistió en que tenía todo lo que necesitaba y que su pequeña casa de campaña improvisada debajo de la autopista era perfecta por el momento. Tenía amigos allí y se cuidaban unos a otros. Antes de despedirnos, oré por él y le dije que me llamara si necesitaba algo. Le prometí que lo ayudaría como me fuera posible y, después de abrazarnos, nos despedimos, y cada uno siguió su camino.

Un mes más tarde, estaba en el centro comercial. Había estado allí algunas veces desde que conocí a Tom, pero no lo había vuelto a ver. Antes de llegar a la puerta de entrada, pasé por al lado del árbol a la sombra del cual Tom se refugiaba y decidí dedicar un momento para relajarme y sentarme allí. Oré por él y por su salud, y le pedí a Dios si podía asegurarme de alguna manera que estaba bien. *Quizá haya encontrado un apartamento*, pensé esperanzado. Luego, me dije preocupado: *Tal vez esté mal de salud*. Le había texteado y lo había llamado en varias ocasiones después de conocernos, pero no había respondido. Di por sentado que estaba bien y que me llamaría si sucedía algo drástico.

Me levanté y empecé a caminar hacia el centro comercial cuando de repente vi a un hombre canoso y delgado que se acercaba. Era Tom. Usaba el sombrero y una de las camisas que le regalé.

—¡Tom! —grité mientras atravesaba el estacionamiento. No me reconoció hasta que estaba a unos tres metros de él.

—¡Oye! Me estaba preguntando cuándo me tropezaría contigo otra vez —me dijo.

Le respondí que yo también y le pregunté cómo estaba. Sacudió la cabeza.

—Nunca adivinarás lo que sucedió —me dijo—. La noche en que me diste el teléfono y las ropas, tuve un infarto debajo del puente. Ninguno de mis amigos había regresado y no sabía qué hacer. Entonces, me acordé de que me habías regalado el teléfono y llamé al número de emergencias.

Me quedé literalmente sin palabras. *Tiene que estar bromeando*, pensé.

—Le dije a la operadora dónde estaba, y me recogieron a los pocos minutos. Estuve en el hospital por más de una semana. Por poco me muero esa noche, Jarrid. Ese teléfono me salvó la vida. Tú me salvaste la vida y no tengo idea de cómo puedo pagarte.

—¿Pagarme? —le dije—. ¡Estoy muy feliz de que estés bien, hombre! Esto es algo de Dios. No me tienes que agradecer a mí. Agradéceselo a Él.

—Lo sé —dijo riéndose—. Solo quiero darte las gracias por fijarte en mí. Podías haberme ignorado ese día, pero no lo hiciste.

Entonces, Tom me dijo que se había inscrito en un programa en el condado de Orange que ayudaba a los veteranos sin techo a encontrar viviendas que pudieran costear. Debido a su edad y a su estado de salud, le dieron una casa en cuestión de días.

Mi conexión con Tom es una de esas experiencias que permanecerá conmigo por el resto de mi vida. ¿Por qué? Porque me mostró de manera muy vívida cómo un pequeño acto donde ponemos en práctica el amor de Dios, algo tan sencillo como fijarse en alguien, detenerse y regalarle un teléfono prepagado de diez dólares, puede marcar la diferencia entre la vida y la muerte. Cada acto de amor tiene un impacto drástico en el mundo que nos rodea. Y cada acto de amor es un acto en contra de la muerte.

Cuando seguimos a Dios y amamos a las personas que nos rodean, les ofrecemos oxígeno para vivir: la oportunidad de ver y conocer el amor de Dios para ellos y para quienes le rodean.

No te imaginas por lo que las personas están pasando, el sufrimiento que están viviendo y cuán necesitadas pueden estar de un simple «hola». El amor no tiene que ser extravagante. Solo tiene que ser amor. Recuerda, cuando el amor de Dios llena nuestras vidas, debe desbordarse. Cada pizca de quienes somos debe sentir el anhelo de ayudar y amar a las personas que nos rodean.

Cuando aprendamos a poner a un lado nuestras agendas egoístas y nuestra comodidad y, en su lugar, aceptar la agenda de amor de Dios, el mundo se convertirá en un lugar mejor, un lugar lleno de compasión y comprensión. Recuerdo una cita de Francis Chan: «Creo que Él quiere que amemos tanto a los demás, que vayamos hasta los extremos para ayudarles»[16].

Todos necesitamos hacernos algunas preguntas: ¿Qué estamos haciendo para mostrarle al mundo un ejemplo tangible y práctico del amor de Dios? ¿El amor de Dios ha llenado tanto nuestras vidas que no podemos evitar que otros lo vean? ¿Estamos aprovechando las oportunidades que Dios nos pone delante para amar a nuestros vecinos, o estamos ignorando a las personas necesitadas debido a nuestro egoísmo y a nuestro deseo de comodidad? Estas son preguntas duras. Sin embargo, vivir el amor debe definir nuestras vidas cuando entendemos el amor de Dios por nosotros. El amor debe cambiar la forma en que interactuamos con las personas que nos rodean. Debe cambiar todo con respecto a nosotros.

No te conté la historia de Tom para tratar de convencerte de que soy una especie de persona increíble que ha descubierto esta cosa del amor. Más bien, quería mostrarte que cuando elevamos el anhelo de Dios de amar a un pedestal más alto que nosotros mismos, pueden suceder cosas increíblemente hermosas.

Encuentro un hermoso significado subyacente en el teléfono prepagado que le salvó la vida a Tom: La muerte de Jesús en la cruz pagó y prepagó todas las deudas que tenemos. Su muerte y resurrección son nuestra salvación. Jesús fue a la cruz sabiendo que no merecemos ese tipo de perdón, pero eso significaba que lo hacía de todos modos por amor. Y debido a esto, debemos amar de la misma manera a otros. Sin importar dónde estés ni de cómo se presentan las cosas a tu alrededor, solo ama. Dedica el tiempo para hacer una pausa y darles una mano a las personas que lo necesitan. Pon dinero en el buzón de esa persona que no puede pagar el alquiler. Paga el almuerzo de la familia que está delante de ti en la cola. Arregla el neumático de la persona que se quedó al lado de la carretera. Compra un teléfono barato para alguien que necesita una línea. Hazlo todo con amor. No te imaginas el efecto que algo tan simple como una conversación o un teléfono prepagado pueden tener en la vida de alguien. Las oportunidades están en todas partes. Aprovéchalas.

Capítulo 11

LO QUE
parece el AMOR

Cuando Jesús comenzó su ministerio aquí en la tierra, no tomó la ruta que cualquiera esperaría. No usó su poder como el Todopoderoso Alfa y Omega. No tenía nada más que la ropa que llevaba puesta y las inspiradoras palabras de gran proporción, e hizo lo que menos esperaban los demás del Mesías. No trató de codearse con poderosos hombres de influencia ni con políticos ricos para ganar popularidad y estatus. No se propuso edificar su Reino de arriba hacia abajo ni apartarse de su camino, a fin de tratar de convencer a alguien de que era el Hijo de Dios. No alardeaba acerca de quién era, ni intentó seducir a nadie para que se le uniera, ni usó el poder de controlar la mente para conseguir seguidores. Su enfoque fue valiente, franco y básico. Comenzó desde abajo. Jesús fue «al más insignificante de estos» (Mateo 25:40), a las personas que ocupaban el último lugar en cualquier lista de las personas más influyentes.

Observa, por ejemplo, a sus seguidores: los doce discípulos. Estos hombres no eran filántropos, eruditos, ni personas influyentes en la sociedad; eran obreros, pescadores y comerciantes. No es que no fueran inteligentes; solo que no tenían el estatus social que esperaría la gente. Y Jesús no se detuvo allí. Decidió vivir con los quebrantados de corazón y los que sufrían, los raros, las ovejas negras y los inadaptados, personas que continuamente necesitaban su atención, ayuda, estímulo y perdón. Prostitutas, borrachos, estafadores, ladrones, adúlteros, recaudadores de impuestos... estos son solo algunas de las personas desechadas por la sociedad a quienes Jesús amaba de manera sincera y profunda.

El Hijo de Dios vino a dedicar su tiempo y a morir por los pecadores, los que eran un desastre y los enfermos. Es algo increíblemente humilde y hermoso. El Salvador perfecto deseaba pasar tiempo con personas imperfectas, y lo hizo sabiendo que estaría allí en primera fila para ser testigo de sus luchas e infortunios. Sin embargo, los amaba, a pesar de las tribulaciones, a pesar de los desastres.

El amor puede ser como el oxígeno, pero eso no significa que el aire a nuestro alrededor sea siempre limpio y abundante. No significa que amar será siempre fácil. Si alguna vez has escalado una montaña o te has parado en un lugar alto, te resulta conocida esa sensación de respirar con dificultad, esa sensación de que te esfuerzas por extender los pulmones para tratar de inhalar un poco de aire. Es algo doloroso. No es la clase de oxígeno que desearíamos tener. No es la clase de respiración fácil que necesitamos. Con todo y eso, sin esas respiraciones tan importantes, a pesar de lo difíciles que son, nuestros pulmones se desinflarían y nuestros corazones se pararían. ¿No me crees? Trata de contener la respiración por diez minutos y mira lo que pasa. (Solo bromeo. No lo hagas).

Eso mismo sucede con el amor. No siempre será fácil amar a los demás. No siempre será conveniente, ni sin dificultades y privaciones. Sin embargo, así es que respiramos. Eso es lo que todavía nos mantiene vivos en el espíritu de Dios.

Puesto que cuando les respiramos amor a los demás para glorificar a Dios, a su vez respiramos el amor que Dios tiene por nosotros.

Se nos ha encargado la ardua y humilde tarea de mostrarles amor a todas las personas, y esto incluye a quienes consideramos nuestros peores enemigos, a quienes viven de manera diferente a nosotros, a quienes no creemos que merecen amor, a quienes pensamos que están demasiado desviados. Asesinos, violadores, ladrones, tramposos, mentirosos y hasta terroristas son algunas de las personas a las que nos llamaron para mostrarles amor y gracia. ¿Por qué? Porque esas personas no son ni mejores ni peores que tú y que yo. Puede que eso sea difícil de tragar, pero es solo la verdad. Se supone que debemos mostrarles amor a todos, sin importar quiénes sean ni qué han hecho, porque Jesús murió por todos nosotros. Esto puede parecer extremo, pero solo es amor.

Creo firmemente que podemos amar de manera radical a una persona sin aprobar o afirmar sus decisiones, sin importar lo radicales que quizá sean esas decisiones. Esa clase de amor toma tiempo. No es algo que podemos practicar hoy y mañana no. Cuando estamos dispuestos a mancharnos la camisa con la marca del amor de Jesús, estamos aceptando participar en el juego a largo plazo, incluso en los días en que no nos sentimos con deseos de hacerlo. Y si queremos dirección sobre cómo debemos tratar a las personas que son diferentes a nosotros, Jesús es el ejemplo perfecto:

- Amó a personas que eran diferentes a Él.
- Comió con personas que eran diferentes a Él.

• Sirvió a personas que eran diferentes a Él.
• Les ofreció amistad a personas que eran diferentes a Él.

Así es Jesús. Muchas veces cuando estoy leyendo la Biblia me doy cuenta de que Jesús hace cosas que parecen muy simples por naturaleza, pero que tienen un impacto muy grande en realidad. Una y otra vez Jesús se puso como ejemplo de qué decir, cómo decirlo, cuándo decirlo y a quién decirlo. Hace esto por una razón. Y es porque quiere que seamos como Él. Desea que sigamos su liderazgo al hacer lo que Él hizo y al decir lo que Él dijo. Las personas no siempre van a entender nuestro reflejo de Jesús. La Biblia nos dice que ni siquiera los fariseos entendieron por qué estaba haciendo lo que hacía la mayor parte del tiempo. La forma de vivir y amar de Jesús les resultaba tan ajena que no podían pensar en otra manera de responder que «Eso está mal». En cambio, no era así. Nada de lo que hacía estaba mal. De modo que pasó mucho tiempo de calidad con personas que hacían cosas indebidas, y pienso que esto fue lo que provocó que los fariseos y los líderes religiosos estuvieran tan confundidos. Pasaba tiempo con personas que hacían cosas malas.

Sin embargo, de eso se trata... si te llamas cristiano, debes ser como Jesús. Y no tienes que estar de acuerdo con el estilo de vida de alguien para pasar tiempo con esa persona, amarla o mostrarle que te preocupa. No tienes que tener las mismas creencias para cenar con alguien. Puedes ser amigo de personas que sean diferentes a ti sin ser un tonto insensible. Y esto te puede conducir a algunas cosas radicales. En realidad, mi esposa y yo decidimos dejar un empleo para seguir a Jesús de esa manera. Lo dejamos todo sin tener un plan B porque sentimos que la organización no estaba amando a un grupo de personas de la manera que Jesús nos llama a amar, sin que importen nuestras creencias al respecto. Por supuesto, buscamos el sabio consejo de amigos íntimos, pastores y mentores para asegurarnos de que escuchábamos a Dios como es debido. Y todos me dijeron con absoluta confianza: «No puedes estar ahí. Esa no es tu naturaleza. Es hora de separarse». Fue difícil, pero mi esposa y yo sabíamos sin duda alguna que era tiempo de marchar, pues era preferible mantener la fe aunque no tuviéramos la menor idea del lugar al que nos llevaría Dios, que ser parte de algo que no les mostraba amor y gracia a las personas. Un salario y un seguro de salud no deben ir primero que nuestra relación con Dios y nuestra fidelidad a Él, en especial cuando hay convicciones básicas en juego. Vivir en el amor de Jesús significa seguirlo a cualquier parte que nos llame, sin importar cuán duro pueda ser. Y créeme, al principio fue duro y confuso, y hasta un poco desalentador. Entonces, al cabo de tan solo un mes de partir, Dios ya había empezado a mostrarnos cuán acertada fue la decisión. La realidad es que a veces Dios necesita que te muevas para que la plenitud de su bendición venga sobre tu vida. Y eso fue justo lo que sucedió con nosotros.

La vida es demasiado corta como para vivirla sin amor y compasión. Jesús no llevaba consigo una lista de las faltas y los fracasos de la gente. No se paró en la esquina de la calle a gritarles a las personas que eran diferentes a Él o que no entendían quién era. Las enseñó. Las aceptó. Amó a todos por igual. Les mostró gracia y les extendió una mano de consuelo y amorosa corrección. Y tú y yo tenemos el llamado a hacer lo mismo. Sea cual fuere nuestra interpretación del texto bíblico, no podemos pasar por alto ni hacer a un lado el llamado de Jesús de amar a nuestro prójimo y a nuestros enemigos. Podemos mostrar amor sin comprometer nuestras convicciones.

Siempre experimento un sentido de gozo y propósito en este llamado a amar de manera radical cuando leo Marcos 2:13-17, donde vemos a Jesús cenando con pecadores; es más, algunas traducciones los llaman «pecadores de mala fama». Con demasiada facilidad, podemos perdernos la naturaleza escandalosa de lo que sucede aquí. Los líderes religiosos no podían creer que Jesús, un rabino, ¡un hombre santo como ellos!, se atreviera a desperdiciar el tiempo partiendo el pan, una experiencia íntima y santa, con hombres a quienes consideraban pecadores.

> Jesús salió de nuevo a la orilla del lago y enseñó a las multitudes que se acercaban a él. Mientras caminaba, vio a Leví, hijo de Alfeo, sentado en su cabina de cobrador de impuestos. «Sígueme y sé mi discípulo», le dijo Jesús. Entonces Leví se levantó y lo siguió.
>
> Más tarde, Leví invitó a Jesús y a sus discípulos a una cena en su casa, junto con muchos cobradores de impuestos y otros pecadores de mala fama. (Había mucha de esa clase de gente entre los seguidores de Jesús). Cuando los maestros de la ley religiosa, que eran fariseos, lo vieron comer con los cobradores de impuestos y otros pecadores, preguntaron a

los discípulos: «¿Por qué come con semejante escoria?».

Cuando Jesús los oyó, les dijo: «La gente sana no necesita médico, los enfermos sí. No he venido a llamar a los que se creen justos, sino a los que saben que son pecadores».

Las personas que dicen ser seguidores de Cristo deben encontrarse en esa misma situación: aferrados al amor de Jesús mientras expresan en la práctica su amor al mundo que les rodea. Más de lo que nos gustaría admitir, los cristianos podemos parecernos más a los líderes religiosos que a Jesús; tenemos esa idea absurda de que somos demasiado buenos como para desperdiciar el tiempo con personas quebrantadas o que no tenemos ni una pizca de pecado y fracaso. Es inconcebible. Entiendo el deseo de evitar las influencias negativas del mundo, pero eso no nos da la excusa para ignorar el mandamiento y la misión que tenemos como cristianos de amar a quienes están quebrantados y sufriendo. Alguien una vez se esforzó al máximo para amarnos a cada uno de nosotros; entonces, ¿por qué pensamos que las personas que nos rodean merecen menos? Tenemos el llamado a ser ejemplos de Jesús para quienes nos rodean, de modo que puedan llegar a conocer el Amor que se entregó a sí mismo en una cruz por nosotros.

En mi opinión, la parte más poderosa de esta historia en Marcos se encuentra en el versículo 17: «La gente sana no necesita médico, los enfermos sí. No he venido a llamar a los que se creen justos, sino a los que saben que son pecadores».

En una valiente y sencilla afirmación, Jesús desbarata los argumentos tontos de los líderes religiosos, recordándoles quiénes necesitan el amor de Jesús. La realidad es que todos lo necesitamos.

Esta historia debería hacernos cuestionar de veras si estamos haciendo todo lo posible para mostrarles el amor de Dios a quienes necesitan verlo. ¿Estamos pasando tiempo con personas diferentes a nosotros? ¿Estamos abriendo nuestros hogares, nuestros corazones y nuestros brazos a personas que quizá sean un poco rudas por fuera, pero que aun así son humanas y necesitan compasión? En realidad, nos resulta muy fácil buscar justificaciones sobre por qué no deberíamos hacerlo, pero hay cientos de razones más sobre por qué deberíamos hacerlo.

¿Estás saliendo de tu zona de comodidad · o sigues escondido en tu burbuja cristiana buscando justificaciones para no salir?

No retengas el amor

En definitiva, el libro de reglas de Jesús para amar a los demás se reduce a esto:

> «Ama al Señor tu Dios con todo tu corazón, con toda tu alma, con toda tu mente y con todas tus fuerzas». El segundo es: «Ama a tu prójimo como a ti mismo». No hay otro mandamiento más importante que estos.
> MARCOS 12:30-31, NVI®

No pases por alto lo siguiente: Jesús nunca dijo que amáramos solo a las personas que eran fáciles de amar. Solo nos dijo que amáramos.

Cada vez que abro la Biblia, no puedo evitar fijarme en la cantidad de veces que Dios nos manda a amar a las personas que nos rodean. Se nos dice que amemos por igual a nuestros enemigos, a nuestros vecinos, a nuestros cónyuges y a todo el mundo. Sin embargo, aunque la Biblia es bastante clara en cuanto a que debemos amar de manera incansable a las personas con las que nos topamos a diario, parece que a menudo tratamos de justificar por qué no necesitamos mostrar el amor de la forma en que nos lo propuso Jesús.

He escuchado desde «Pero puede pensar que apoyo sus acciones» hasta «Solo es una persona desagradable». No obstante, ninguna justificación nos da el derecho de no brindar amor, aún más si se trata de personas que sufren o que necesitan con urgencia que les amen. El amor de Jesús no tiene fronteras, limitaciones ni expectativas. Solo ama. Si dices que eres un seguidor de Cristo, tienes que reflejar la misma imagen con igual intensidad. El amor puede llevarnos a lugares que el odio no puede alcanzar. Retener el amor es retener a Jesús. Es posible mostrar amor a quienes son diferentes a nosotros sin comprometer nuestras convicciones básicas.

Quieres que las personas vean a Jesús cuando te ven, incluso cuando te opones a sus pensamientos o ideales. Quieres que las personas encuentren consuelo en tu presencia, perdón en tu corazón y amor en tu alma. Quieres que las personas confíen en ti sin que se les critique de manera impetuosa ni se les juzgue de forma irracional. Jesús es bastante claro en lo que dice en Marcos 12:31 acerca de la importancia del amor, sobre todo cuando se trata de tu prójimo: «El segundo es: "Ama a tu prójimo como a ti mismo". No hay otro mandamiento más importante que estos» (NVI).

Pastores, maestros, hermanos y hermanas: tenemos el llamado a amar a todas las personas en el nombre de Jesús. Tenemos el llamado a mostrar compasión a quienes la necesitan. Tenemos el llamado a ser amigos de quienes son diferentes a nosotros, todo para transmitir la gracia y la misericordia de nuestro Salvador, Jesús. Quizá parezca confuso, pero es nuestro llamado.

Mi vida está llena de personas diferentes a mí, con creencias diferentes a las mías, con puntos de vista diferentes sobre partes de la Biblia, con luchas diferentes a las mías, con convicciones básicas diferentes a las mías. ¿Significa esto que guardo silencio por temor de ofender a alguien? No. ¿Amar a alguien significa que vas a llevar una vida de pasividad? No. Amar solo significa que evalúas la forma en que dices las cosas, y te aseguras de decirlas con compasión y misericordia, incluso si son contrarias a las creencias de otros. Me duele el corazón cuando veo a tantos pastores y líderes conduciendo mal ciertas conversaciones acerca de temas controvertidos, y creo que regresar a un corazón de compasión es lo que más se necesita. Muchas personas conducen estas conversaciones de la manera adecuada, y mi deseo es que muchos más se les unan en el nombre de Jesús.

Sin importar de qué lado de la conversación te encuentres, el mandamiento de amar a las personas y proclamar la verdad de una forma amorosa sigue siendo el mismo. Podemos transmitir amor incluso cuando expresamos nuestras diferencias de opinión en cuanto a temas como el matrimonio, la inmigración y la política. Aun así, mientras lo hacemos, tenemos que preguntarnos cómo podemos amar a la otra persona a pesar de que exista un desacuerdo. Sé que esto no siempre es una tarea fácil, pero de seguro que es una honorable tarea para todos los cristianos que están dispuestos a tomar su cruz cada día. Tenemos el llamado a amar a las personas sin importar de dónde sean, lo que hagan o cuánto se han equivocado. Puedes amar a las personas aunque no apruebes sus decisiones ni su estilo de vida. Puedes proclamar la verdad y hacerlo de una manera amorosa y compasiva. ¿Por qué lo sé? Porque Jesús lo hizo a lo largo de toda la Escritura.

> Jesús regresó al monte de los Olivos, pero muy temprano a la mañana siguiente, estaba de vuelta en el templo. Pronto se juntó una multitud, y él se sentó a enseñarles. Mientras hablaba, los maestros de la ley religiosa y los fariseos le llevaron a una mujer que había sido sorprendida en el acto de adulterio; la pusieron en medio de la multitud.
>
> «Maestro —le dijeron a Jesús—, esta mujer fue sorprendida en el acto de adulterio. La ley de Moisés manda apedrearla; ¿tú qué dices?».
>
> Intentaban tenderle una trampa para que dijera algo que pudieran usar en su contra, pero Jesús se inclinó y escribió con el dedo en el polvo. Como ellos seguían exigiéndole una

respuesta, él se incorporó nuevamente y les dijo: «¡Muy bien, pero el que nunca haya pecado que tire la primera piedra!». Luego volvió a inclinarse y siguió escribiendo en el polvo.

Al oír eso, los acusadores se fueron retirando uno tras otro, comenzando por los de más edad, hasta que quedaron solo Jesús y la mujer en medio de la multitud. Entonces Jesús se incorporó de nuevo y le dijo a la mujer:

—¿Dónde están los que te acusaban? ¿Ni uno de ellos te condenó?

—Ni uno, Señor —dijo ella.

—Yo tampoco —le dijo Jesús—. Vete y no peques más.

JUAN 8:1-11

Esta historia es muy poderosa. Jesús amó a esta mujer tal como hoy ama a las personas que han pecado y anhela que se vuelvan a Él. Aunque Jesús no apoyaba las acciones de esta mujer, la protegió de la gente que quería apedrearla. Su amor incontenible hace lo que sea preciso para protegernos en medio de nuestro quebranto.

Nosotros amamos, Dios cambia

Me acuerdo cuando me convertí a Jesús. Por alguna razón, pensaba que era mi deber cambiar a la gente por amor a la extensión del evangelio. Me alegraba cuando las personas encontraban esperanza en Cristo, pero me sentía fracasado cuando alguien rechazaba la invitación para conocer a Jesús como su Señor y Salvador. Era un poco desalentador. Sin embargo, esto se debía a que mi comprensión acerca de cómo Dios obra no era clara.

Digo esto porque creo que muchos cristianos en la actualidad se presionan demasiado para traer personas a Jesús. Nuestro trabajo es amar a las personas, no cambiarlas. Solo el Espíritu Santo tiene el poder y la autoridad para hacer tal cosa. Nuestro llamado es solo proclamar el evangelio en amor y verdad, mostrando el carácter de Jesús en nuestras vidas diarias. Cuando te alejas del engaño de creer que tienes la responsabilidad por el alma de alguien, encontrarás un sentido de libertad nuevo por completo: la libertad para amar. No tienes que ser perfecto. No tienes que decir siempre lo adecuado. No tienes que saber todas las respuestas. Y si tu mensaje lo rechazan de plano... no te rechazan a ti. Eso es entre esa persona y Dios. Tal vez tengas otra oportunidad para intentarlo, pero tu trabajo no es cambiarla.

Nuestro trabajo es el de estar disponibles para quienes procuran saber más acerca de Dios, aprovechar las oportunidades para hablarles sobre nuestra relación personal con Él y continuar atrayendo a las personas hacia Dios a través de cada pregunta que tengan. No entendía esto en los primeros años después de mi fe, y me ponía demasiada presión cuando se trataba de la transformación de las personas. ¿Por qué? Porque vivimos en una cultura basada en logros, y sí, incluso los pastores tienen la tendencia a caer cautivos por su atracción.

Como yo, es probable que te sientas presionado desde diversos ángulos. Los anuncios publicitarios nos dicen que necesitamos ser atractivos, los padres nos dicen que necesitamos buenos trabajos, los maestros nos dicen que necesitamos buenas calificaciones y los amigos nos dicen que necesitamos dar más tiempo. Jesús no es así. No hace peticiones irracionales ni nos señala con el dedo por no satisfacer las expectativas. Lo único que Jesús quiere de nosotros es nuestro amor. Y cuando aprendemos a ofrecerle ese amor, anhelamos obedecerlo y vivir de la mejor manera que Él también tiene para nosotros. Es algo maravilloso.

Como aprendimos acerca de Jesús en Mateo 25, podemos amar a Dios con solo amar a los demás. El hecho de que ese amor produzca un cambio en sus vidas depende de Dios. No tenemos que estresarnos por eso. Solo el Espíritu Santo tiene el poder y la autoridad para cambiar el corazón de alguien. Nuestro llamado es anunciar el evangelio en amor y verdad, mostrando el carácter de Jesús en nuestras vidas diarias. Solo este es el llamado del cristiano. Solo este es el poderoso, pero satisfactorio propósito de todos los que escogen cargar su cruz cada día.

Si recorriéramos la Biblia, veríamos que no hay un solo pasaje que afirme que tenemos el llamado a cambiar a las personas. ¿Por qué? Porque esa no es nuestra tarea, ni estaba previsto que lo fuera. Debemos dar un paso atrás y darnos cuenta de que el trabajo de Dios es ser Dios y nuestro trabajo es guiar a las personas hacia la puerta que es la esperanza. Una vez que hagamos esto, debemos dejarla y permitir que quien creó el mundo se encargue del resto. Si tuviéramos el poder de cambiar a las personas, el amor transformador de Dios no sería necesario.

No pierdas tu tiempo tratando de cambiar personas. En su lugar, concéntrate en amar bien.

Capítulo 12

El AMOR
es DESORDENADO

El verdadero amor es un refugio seguro de los repugnantes críticos del mundo, las palabras cortantes, los juicios y las opiniones malpensadas. El verdadero amor es un paraguas para los demás cuando llueve dolor, un afectuoso abrazo en tiempos de angustia y un escudo para las flechas de oscuridad que se aproximan. Si de veras queremos amar bien a las personas, debemos abrir nuestros corazones y nuestros hogares a fin de que sean lugares seguros para los necesitados. Debemos darles la oportunidad de mostrar su desorden. En realidad, es algo hermoso, y lo he visto de primera mano.

En los últimos años, mi esposa y yo nos hemos tomado esta realidad en serio. Creemos que uno de los mayores llamamientos de Dios en nuestra vida es ser un lugar seguro, un refugio, para quienes lo necesitan. Y esto no solo se aplica a las personas que identificamos con facilidad como quebrantadas o necesitadas en el mundo, porque todos estamos quebrantados y necesitados, incluso si parecemos lo contrario. A Juli y a mí se nos ha permitido actuar como un refugio para personas a las que el mundo podría pensar que «lo tienen todo», pero que necesitaban, en sí, un lugar donde sentirse seguros y en casa. Atletas profesionales, autores de superventas, músicos de primer nivel y hasta algunas personas que has visto en películas y televisión. Siempre nos empeñamos en decirle a la gente que de veras no nos importa cómo los ve el mundo ni qué hacen para ganarse la vida. Porque no estamos aquí para obtener algo suyo, como la mayoría de las personas con las que se encuentran, sino que deseamos ver cómo podemos serles de bendición. Nos preocupamos por quiénes son en su interior. Como cristianos, no deberíamos ver a las personas como las describen los medios y la sociedad. Deberíamos ser un lugar donde las personas sean las versiones reales, sinceras y auténticas de sí mismas. Lo que importa es el alma y el corazón de alguien: quién es cuando se le quitan todas las otras cosas.

Tenemos el llamado a ser refugios seguros para la gente. Para mi esposa y para mí, esto significa estar disponibles para estar presentes en tiempos de necesidad, ser un lugar donde las personas puedan bajar de veras la guardia y ser ellas mismas sin que las juzguen. No puedo contar cuántas conversaciones profundas y sinceras hemos tenido en la sala de nuestra casa. Conversaciones acerca de relaciones rotas, matrimonios con problemas, la fe, Dios, la duda, la dinámica de la familia, la depresión. Nadie siente la presión de aparentar que tiene todo bajo control. Esa no es la vida real. Y el verdadero amor no ejerce esa presión sobre la gente.

Y antes de pedirle siquiera a la gente que nos hable de sí misma, mi esposa y yo les damos «el regalo de ser el segundo». Creemos que hablar primero de nuestras faltas e imperfecciones les da a las personas el tiempo y la oportunidad de bajar la guardia y darse cuenta de que no son las únicas imperfectas. Por ejemplo, cuando tomé mis antidepresivos frente a la multitud (capítulo 2); es algo muy sencillo, pero tiene un hermoso impacto. Jon Acuff dijo lo siguiente acerca del regalo de ser el segundo.

> Cuando eres el primero, les das la oportunidad a todos en tu iglesia, tu comunidad, tu grupo pequeño o tu blog de ser los segundos.
> Es mucho más difícil ser el primero. Nadie sabe lo que aún no está permitido y tú estableces los límites con tus palabras. Te lanzas a ti mismo la granada de la sinceridad y corres cualquier riesgo que esto implique. Ser el segundo es mucho más fácil. Y lo fácil solo prospera de manera exponencial a medida que las personas siguen hablando. No obstante, tiene que comenzar en alguna parte. Alguien tiene que ser el primero y creo que tenemos que ser nosotros[17].

Casi siempre cuando hacemos esto, la gente se sorprende. En nuestra casa son comunes las respuestas tales como: «¡Vaya! No esperaba que ustedes fueran tan francos conmigo». Por lo general, respondemos con «¡Lo sabemos! Por eso es que fuimos sinceros». Las personas no esperan que otros sean francos, y es por eso que, en principio, el mundo está tan herido. Si todos fuéramos más sinceros respecto a nuestras pruebas, imperfecciones y faltas, podríamos unirnos de manera más profunda en amor y comunión. Dijimos esto antes, pero vale la pena repetirlo: Está bien no estar bien, sin importar lo que el mundo trate de hacerte creer.

Recuerdo la primera vez que experimenté esto. Un mentor y amigo cercano empezó a contarme acerca de los problemas que afrontaba en su vida con respecto a su matrimonio, un negocio en el que acababa de fracasar, sus dudas, sus luchas con la ansiedad y que su pasado estaba lleno de cosas difíciles. Se sinceró conmigo de una manera que no puedo explicar. Fue como si me revelara los secretos más profundos y oscuros de su alma.

Este era alguien a quien admiraba en gran medida. Aspiraba a ser como él y no podía creer que me estuviera diciendo cuán quebrantada y dolorosa era su vida. Una parte de mí se preguntaba por qué me contaba eso. ¿Y si mi forma de pensar acerca de él cambiaba una vez que admitiera su dolor e imperfecciones? ¿Y si dejaba de admirarlo? ¿Y si respondía de forma contraria a lo que él esperaba? No le importaba. No le preocupaba nada de eso. Quería ser franco y sincero conmigo, pues de eso se trata el verdadero liderazgo y el amor. El amor no puede existir sin autenticidad y transparencia, y él lo ejemplificó de forma muy hermosa. Muchos líderes, muchas personas, tratan de mantener una postura de perfección. Y un día me di cuenta de que yo también me estaba convirtiendo poco a poco en esa clase de persona, creyendo la mentira de que tenía que tenerlo todo en orden para poder liderar bien, amar bien e influir bien. Esto no es cierto de ningún modo. La influencia más poderosa del mundo se encuentra en la sinceridad radical y desgarradora. Los que dan muestra de esa clase de sinceridad son las personas a las que otros prefieren seguir. Esas son las personas con las que tú y yo nos podemos identificar. Esas son las personas que harán grandes cosas en el mundo. En realidad, esto lo aprendí muy rápido.

De modo que ahora, cuando invitamos personas a nuestra casa, no tratamos de impresionar a nadie. Solo actuamos con naturalidad, vemos películas sentados en el sofá y nos reímos mientras vemos a los perros correr persiguiendo a nuestros hijos. El amor no tiene que ser impresionante para conectarse con las personas; solo necesita ser auténtico.

El amor puede ser sincero, desordenado y una muestra de afecto en público, también puede reflejarse a través de conversaciones íntimas y tranquilas en la sala de la casa. Aun así, sobre todo, el amor debe ser un refugio seguro para cualquier persona en nuestra vida, sin importar quién sea ni qué haga. Solo sé una persona donde otros puedan encontrar descanso.

El hijo que nunca conocimos

Cuando mi esposa y yo nos casamos, vivíamos en un apartamento de un dormitorio en Memphis, Tennessee, ¡y solo pagábamos cuatrocientos cincuenta dólares al mes! La única desventaja era que no estaba en una parte muy buena de la ciudad y era bastante común encontrar proyectiles y casquillos de nueve milímetros en el estacionamiento. Sin embargo, estábamos felices de estar juntos en un lugar que podíamos llamar nuestro, sin importar cuán inseguro fuera.

Juli y yo a menudo caminábamos por los alrededores del complejo de apartamentos; no teníamos mucho dinero, así que esa era una de las formas más baratas de divertirnos.

Hablábamos acerca de la vida, de nuestras metas como pareja para el futuro, de la casa que esperábamos comprar algún día y del sueño de empezar una pequeña familia. Con el tiempo, nuestras caminatas se convirtieron en paseos en bicicleta, después que ahorramos lo suficiente para comprar esas bicicletas pequeñas. La mía era una versión de una bicicleta de piñón fijo, y Juli pedaleaba su bicicleta playera con una pequeña cesta delante. (Tratamos de poner a nuestra perra en la cesta algunas veces, pero no parecía muy contenta allí). Nos divertíamos y pasábamos mucho tiempo paseando juntos.

Un día, mientras paseábamos en nuestra ruta acostumbrada, vimos a una pequeña niña jugando en el césped de un área pública afuera de nuestro apartamento. Nos dimos cuenta de que no había ningún adulto cerca, y ella era muy pequeña, de modo que le preguntamos si necesitaba algo.

—¡Hola! ¿Cómo te llamas? —preguntó Juli.

—Me llamo Annie —dijo la niña.

—¿Tus papás saben que estás aquí? —le pregunté.

Annie se puso la mano en la cadera, sacudió las dos colas de caballo que tenía en la cabeza y dijo con un tono de insolencia:

—¡Claro que sí!

—¡Está bien! —dijimos Juli y yo riéndonos—. ¡Que tengas un buen día! ¡Anda con cuidado!

Entonces, justo cuando empezamos a alejarnos pedaleando, escuchamos un débil «¡Esperen! ¡Esperen!». Nos volteamos y vimos a la pequeña niña corriendo hacia nosotros. Nos preguntó si podía caminar con nosotros.

—¡Seguro! —le dijo Juli—. Pero primero tienes que pedirle permiso a tu mamá.

—A ella no le importará —dijo, y empezó a caminar con nosotros sin importar lo que dijéramos o hiciéramos. Le preguntamos qué le gustaba hacer, y si tenía hermanos o hermanas. No nos imaginábamos que nuestra caminata con ella por el barrio se convertiría en una rutina. Siempre que salíamos, la veíamos en la distancia, saludándonos y contenta de poder acompañarnos. Algunos días montábamos bicicleta y otros días salíamos con la perra, pero de una manera u otra, la pequeña niña de Memphis siempre nos acompañaba.

Un día, Annie corrió emocionada hacia nosotros y gritó:

—¿Quieren conocer a mi mamá?

—¡Por supuesto que sí! —le dijo Juli—. Es muy probable que tu mamá se esté preguntando quiénes son esos locos de los que le hablas tanto.

Caminamos hasta otra parte del complejo de apartamentos y vimos a una mujer de aspecto sombrío sentada en el borde de la acera de un garaje techado, con la mirada fija en el teléfono. Annie corrió hacia ella, sonriendo de oreja a oreja.

—¡Mami, estos son Jerry y Julian! Ellos son con los que camino, los que tienen esa perra tan bonita.

No nos molestamos corrigiendo nuestros nombres; lo habíamos intentado muchas veces pero ella insistía en que solo nos llamaría Jerry y Julian.

—¡Encantada de conocerlos! Me llamo Elaine —dijo la mamá de Annie, extendiendo la mano para saludarme.

—¡Sí! Encantada de conocerte también —le dije—. Tu hija es todo un personaje. Disfrutamos su compañía en nuestros paseos. Siempre que quiera caminar con nosotros, será bienvenida.

—Gracias —dijo Elaine, haciendo un esfuerzo para ponerse de pie mientras se sacudía la parte de atrás de los pantalones. Era obvio que estaba embarazada.

—Felicidades por el bebé —le dije con una gran sonrisa. Y la respuesta que obtuve fue algo que no me esperaba en realidad.

—Sí, pero mami se va a sacar esa cosa mañana —dijo Annie.

—¡Annie! —dijo Elaine sacudiendo la cabeza—. ¿Por qué dices eso? Ni siquiera conozco a estas personas. Lo siento, chicos.

—Perdona, mami —dijo Annie.

Juli y yo nos miramos. Entendimos lo que Annie quiso decir. Su mamá se iba a hacer un aborto, lo que significaba que no viviría ese dulce niño o niña. Nos despedimos y empezamos a caminar de regreso a casa, pero Juli me detuvo en la mitad del camino y dijo:

—Jarrid, necesitamos decirle a esa mujer que la vamos a ayudar si decide quedarse con el bebé.

—¿Qué? —dije—. No nos conoce. ¿Por qué confiaría en algo que le dijéramos?

Mi esposa tiene mucha más fe que yo en momentos de incertidumbre. Entonces, algo dentro de mí sabía que lo que Juli decía era lo que debíamos hacer. No creemos en el aborto bajo ninguna circunstancia. En cambio, tampoco creemos que alguien tenga el derecho de decirle a una mujer que no se realice un aborto sin ofrecerle ayuda personal antes, durante y después del nacimiento. El amor brinda sabiduría y luego se asegura de darle continuidad a fin de que se ponga en práctica. El amor camina junto con las personas a lo largo de toda clase de situaciones. El amor les da a las personas el consuelo de saber que no están solas, incluso en tiempos de incertidumbre y dudas.

De modo que, si puedes, imagínate esto: Jarrid Wilson, un hombre blanco, alto y flaco, montando en bicicleta, de regreso al garaje para decirle a una mujer a la que acababa de conocer que si no se hacía el aborto, su esposa y él harían cualquier cosa para ayudarla. ¿Parece una idea loca? Sí. Toda una locura, pero eso es lo que hace el amor. Elaine me miró como si hubiera perdido la cabeza. Lo cierto es que, en realidad, lo era. Aun así, algo dentro de ella pareció variar, y luego de intercambiar nuestros números de teléfono en caso de que cambiara de idea, Juli y yo recibimos un mensaje de texto suyo que decía que no abortaría si decíamos en serio eso de que la íbamos a ayudar. Y lo decíamos en serio.

Los siguientes meses fueron los más locos de nuestra vida. Visitas al médico, visitas al hospital, ultrasonidos, vitaminas prenatales, compras para el bebé, entre otras cosas. Elaine era madre soltera, sola, sin estabilidad financiera, y necesitada de amor y ánimo para atravesar las tribulaciones de la vida. Con el tiempo, la conectamos con una agencia de adopción, la ayudamos a mudarse a otro apartamento, lejos de su situación abusiva, e hicimos las gestiones para que Annie regresara a la escuela. No había ido a la escuela durante más de tres años. Queríamos hacer todo lo que pudiéramos para ayudar a esta pequeña familia que el padre abandonó, dejándola desamparada. No tratábamos de ser héroes. Solo queríamos mostrarles amor. A pesar de que no sabíamos lo que sucedía, sabíamos que teníamos el llamado de amar sin importar las circunstancias ni el precio. Y, de alguna manera, Dios continuó proveyendo los recursos que necesitábamos para cuidar de nosotros mismos y de esa pequeña familia que llegó a nuestras vidas.

Al volver la vista atrás, nos damos cuenta de que estábamos locos de veras al hacer algo así tan al principio de nuestro matrimonio. Muchos de nuestros amigos, y hasta algunos de nuestros familiares, no lo entendieron. ¿En realidad estaba bien que nos involucráramos de esa manera en la vida de alguien? Sin embargo, esa es la belleza del amor: Hace cosas locas en nombre de la compasión y del apoyo. El amor no siempre es cómodo, ni siempre tiene sentido. En cambio, aún es amor, y vale la pena el esfuerzo.

En medio de la ayuda a Elaine y su hijo por nacer, terminé por aceptar un trabajo que requería que nos mudáramos al otro lado del país. Era una gran oportunidad para Juli y para mí aventurarnos juntos a una nueva parte del país, mejorar nuestra calidad de vida y progresar en nuestra relación mutua. Es obvio que una de las pocas cosas que nos retenían era la promesa que hicimos de ayudar con el embarazo de Elaine en cualquier forma que pudiéramos, pero muy pronto nos dimos cuenta de que podíamos seguir haciéndolo a pesar de vivir a miles de kilómetros de distancia. Elaine estuvo de acuerdo porque de todas formas tenía planificado mudarse a Texas con algunos familiares. Continuaríamos pagando por su apartamento, y le enviaríamos dinero cada mes para la comida y las necesidades básicas. Y, con el tiempo, logramos que un sistema en Tennessee se encargara de todas las facturas del hospital. Dios continuó preparando el camino para que siguiéramos ayudando a esa pequeña familia, y Elaine y Annie muy pronto se convirtieron en personas muy cercanas a nosotros. Incluso, después de mudarnos, celebrábamos los cumpleaños, nos llamábamos cada semana y recibíamos con agrado las imágenes de los ultrasonidos.

Entonces, una noche de invierno del año 2012, recibimos una llamada que lo cambió todo. Elaine no acostumbraba llamar a esa hora, de modo que Juli en seguida pensó que sucedía algo. Elaine le explicó a Juli que, luego de mucha oración y reflexión, quería que adoptáramos al bebé. Elaine pensaba que era la mejor opción dadas sus circunstancias, y no quería que nadie aparte de nosotros adoptara al bebé.

De inmediato supimos nuestra respuesta.

«Sí».

Sabíamos que llevábamos poco tiempo de casados, pero había algo que nos hacía pensar que era apropiado tener a ese pequeño bebé en nuestra familia. Habíamos estado allí durante gran parte del viaje que adoptar a este pequeño bebé, un niño, ahora lo sabíamos, parecía el final perfecto para una historia tan increíble. ¿Y mencioné que unas semanas antes de escuchar a Elaine, Juli recibió noticias de su médico de que tener hijos propios sería casi imposible? Todo esto tenía a Dios escrito por todas partes.

Los meses siguientes antes de que naciera el niño estuvieron llenos de conversaciones con abogados, preparando visitas a la casa, reuniendo dinero para pagar el costo de la adopción y alistando nuestro hogar para la llegada de un recién nacido. Aun así, sabíamos que Dios había abierto una puerta para traer vida a nuestro hogar y estábamos muy agradecidos por la oportunidad. Sabíamos que iba a ser duro.

Sabíamos que la adopción trae consigo sus propias luchas. Y sabíamos que adoptar a un niño de otra raza daría lugar a conversaciones interesantes. Sin embargo, no nos importaba. Esas cosas no nos preocupaban en lo absoluto. Todo lo que sabíamos es que un niño necesitaba un hogar, y estábamos más que dispuestos a abrir nuestros corazones como muestra de nuestra disposición.

Un mes antes de que naciera el niño, Elaine nos llamó para preguntarnos si entregar al niño era lo adecuado. Le dijimos: «¡Eso depende por completo de ti, Elaine! Nuestros corazones estarían muy felices si decides quedarte con tu bebé, pero queremos que también sepas que estamos dispuestos a brindarle un hogar lleno de amor con nosotros si tú lo decides. Nosotros queremos lo que quieras tú».

Pude ver un poco de desencanto en los ojos de Juli mientras hablábamos con Elaine y sabía cómo se sentía. Durante los últimos cuatro meses, nos habíamos estado preparando para aquel bebé, y hasta le habíamos escogido el nombre. Así que nuestra desilusión no se debía al egoísmo. Nuestra meta desde el principio había sido que esta madre decidiera que su hijo viviera. Nos sentimos tristes al saber que no lo recibiríamos en nuestra familia, pero sabíamos que Dios tenía un plan maravilloso. No podíamos dejar que su conclusión, cualquiera que fuera, opacara la belleza de una madre que toma la decisión de que su bebé viva.

Cuando terminó la llamada, Juli tenía lágrimas en los ojos. Juli dijo que estaríamos allí para Elaine sin importar lo que decidiera.

Esa fue la última vez que supimos de Elaine. No sabemos qué sucedió con el niño, pero oramos a diario por su seguridad, su felicidad y para que viva una vida plena con su mamá. Puede que el plan de Dios no fuera que adoptáramos a ese bebé, pero Él nos mostró algo muy valioso con respecto al amor. ¿Qué haríamos si tuviéramos la oportunidad de ayudar a alguien en necesidad? ¿Cómo responderíamos si se nos presentara la oportunidad de amar a alguien justo frente a nosotros? ¿Usaríamos como excusas nuestra edad, nuestra situación financiera y nuestra falta de fe o, por el contrario, seríamos arriesgados y valientes, sabiendo que Dios va a ocuparse de todo si tan solo mostramos nuestra disposición para satisfacer la necesidad que tenemos delante?

Tal vez nunca conozcamos a ese pequeño niño que pensábamos recibir en nuestro hogar, pero eso no significa que perdimos el tiempo. Es más, creo que lo sucedido fue todo el plan de Dios desde el mismo principio. Nuestro trabajo fue seguir su dirección y amar siempre que podíamos, mostrando la luz y el aroma de la compasión.

Amar a otros no siempre será fácil. Y el hecho de que estés siguiendo la dirección de Dios no significa que todo va a salir de la manera que lo planificaste. Tenemos que mirar el cuadro completo. Dios tiene el control absoluto. Nuestra única tarea es mostrarnos disponibles para amar a las personas que pasan por necesidades. Esa es una parte muy hermosa y significativa de la vida cristiana que mucha gente parece olvidar. Seguir a Jesús significa que Dios te ama, que tú amas a Dios y que amas a las personas en el nombre de Dios.

Cada día tenemos oportunidades para transmitirles amor a las personas necesitadas, que sufren o que están quebrantadas. No debemos rogarle a Dios que nos use y luego pasar por alto las oportunidades de amar a las personas

EL AMOR *es* OXÍGENO

que tenemos delante. Ser usado por Dios no siempre significa hacer lo que percibimos como cosas «grandes». Ser usado por Dios significa aprovechar cada oportunidad, sin importar si es grande o pequeña, e invertir de veras nuestro tiempo y energía en ellas.

Un comentario final

Este viaje de vivir en el amor de Dios tomará el resto de nuestras vidas. Su amor por nosotros no cambia, pero nuestra comprensión de ese amor y cómo se lo mostramos a otros estará creciendo y cambiando constantemente. De modo que, a medida que nos aproximamos al final de este libro, quiero que recuerdes esto: El Dios que creó los cielos y la tierra te amó lo suficiente como para crearte a su propia imagen. No estaba obligado a hacerlo, pero lo quiso así. Tu existencia es hermosa de manera intrínseca. Te crearon con amor, eres único, tienes un propósito, y tu destino es mostrarles el amor de Dios a todas las personas que se crucen en tu camino. Después de todo, amamos porque Dios nos amó primero. Una vez que inhalamos ese amor de verdad, no podemos evitar exhalarlo sobre el mundo que nos rodea. Amamos porque Dios es amor, lo que significa que, como personas redimidas que reflejan su imagen, *nosotros* tenemos el llamado a ser embajadores que vivan y respiren su amor. Si procuramos descubrir y vivir su amor a diario, no nos arrepentiremos. El amor de Dios es oxígeno para nuestras almas, y mientras respiramos con el ritmo de su amor, nuestras vidas nunca serán las mismas.

NOTAS

1. «Suicide: Facts at a Glance», Centros para el Control y la Prevención de Enfermedades, 2015, consultado el 24 de febrero de 2017, https://www.cdc.gov/violenceprevention/pdf/suicide-datasheet-a.pdf.
2. Matthew Henry, *Comentario de la Biblia Matthew Henry en tu tomo*, Editorial Unilit, Miami, FL, 1999, pp. 1029-1030.
3. Eugene H. Peterson, *Una obediencia larga en la misma dirección: El discipulado en una sociedad instantánea*, Editorial Patmos, Miami Gardens, FL, 2005, p. 29 (del original en inglés).
4. *Oxford Living Dictionaries*, bajo la palabra «prodigal», https://en.oxforddictionaries.com/definition/us/prodigal.
5. Rick Warren, *Una vida con propósito*, Vida, Nashville, TN, 2012, p. 24 (del original en inglés).
6. Alexander Maclaren, *Expositions of Holy Scripture: The Epistles General of I and II Peter and I John*, A.C. Armstrong and Son, Nueva York, 1910, p. 347.
7. Eugene H. Peterson, *Correr con los caballos: La búsqueda de una vida mejor*, Editorial Patmos, Miami Gardens, FL, 2006, p. 150 (del original en inglés).
8. Elisabeth Elliot, «Elisabeth Elliot Quotes», Goodreads, consultado el 3 de marzo de 2017, https://www.goodreads.com/quotes/298278.
9. Henry David Thoreau, *The Portable Thoreau*, Penguin Books, Nueva York, 2012, p. 454.
10. Jarrid Wilson, «I'm Dating Someone Even Though I'm Married» [Salgo en citas con alguien a pesar de que estoy casado], *Jarrid Wilson*, 6 de enero de 2014, http://jarridwilson.com/im-dating-someone-even-though-im-married/.

11. A.W. Tozer, *La búsqueda de Dios*, WingSpread Publishers, Hannibal, MO, 1997, p. 4.

12. D.L. Moody, *The Overcoming Life*, Bridge-Logos, Orlando, FL, 2007, p. 336.

13. Samuel Chadwick, *The Way to Pentecost*, CLC Publications, Fort Washington, PA, 2013, p. 6.

14. «From Death to Life», vídeo en YouTube, publicado por FromDeathtoLifeVideo, 28 de noviembre de 2011, https://youtu.be/xSJ8Nfov6C4.

15. «The Power of Forgiveness», vídeo en YouTube, publicado por CBS, 7 de junio de 2011, https://www.youtube.com/watch?v=o2BITY-3Mp4.

16. Francis Chan, *Loco amor*, Casa Creación, Lake Mary, FL, 2009, p. 21.

17. Jon Acuff, «Confessing "Safe Sins", *Stuff Christians Like*, 4 de marzo de 2009. consultado el 24 de febrero de 2017, https://stuffchristianslike.net/2009/03/04/502-confessing-safe-sins-2.

ACERCA DEL AUTOR

J arrid Wilson es esposo, padre, pastor, autor, bloguero motivacional y fundador de *Anthem of Hope*. Es el autor de *Jesus Swagger*, *Wondrous Pursuit*, *30 Words* y *El amor es oxígeno*.

Sus artículos los han visto decenas de millones de personas, se han presentado en algunos de los programas de entrevistas más populares de hoy en día, así como en estaciones de noticias nacionales en todo el mundo. Es un conferenciante dinámico, cuyas perspectivas fuera de lo común le han valido el reconocimiento nacional de algunos de los líderes y pastores cristianos más influyentes de la actualidad.

Su manera poco convencional de hablar sobre la fe brinda una nueva visión de la forma en que Jesús llamaría a las personas a vivir nuestra vida diaria. Sin miedo a abordar temas difíciles y controvertidos, Jarrid es conocido por sus perspectivas refrescantes sobre lo que otros verían como en blanco y negro. Su blog es uno de los blogs basados en la fe más comentados en la web, y su dedicación para mostrar el incesante amor de Jesús ha sido primordial en su éxito como escritor y líder.

Jarrid y su esposa, Juli, viven en Nashville, Tennessee, con sus hijos, Finch y Denham, y su perrita, Eloise.